하나의 도시는 하나의 기업이다!

세계를 걸으며 배우는 비즈니스 산책 시리즈

뉴욕
비즈니스
산책

뉴욕 비즈니스 산책 : 세계의 심장, 뉴욕에서 비즈니스를 생각하다

초판 1쇄 발행 2014년 2월 24일
초판 3쇄 발행 2014년 4월 1일
개정판 1쇄 발행 2019년 8월 30일

지은이 엄성필
펴낸이 조기흠

편집이사 이홍 / **책임편집** 유소영 / **기획편집** 이수동, 송병규, 정선영, 박단비
마케팅 정재훈, 박태규, 김선영, 홍태형, 이건호 / **디자인** 형태와내용사이 / **제작** 박성우, 김정우

펴낸곳 한빛비즈(주) / **주소** 서울시 서대문구 연희로 2길 62 한빛빌딩 4층
전화 02-325-5506 / **팩스** 02-326-1566
등록 2008년 1월 14일 제25100-2017-000062호

ISBN 979-11-5784-351-0 13320

이 책에 대한 의견이나 오탈자 및 잘못된 내용에 대한 수정 정보는 한빛비즈(주)의 홈페이지나 아래 이메일로
알려주십시오. 잘못된 책은 구입하신 서점에서 교환해드립니다. 책값은 뒤표지에 표시되어 있습니다.

한빛비즈 블로그 **www.hanbitbiz.com** / 페이스북 **hanbitbiz.n.book** / 트위터 **@hanbitbiz**

지금 하지 않으면 할 수 없는 일이 있습니다.
책으로 펴내고 싶은 아이디어나 원고를 메일(**hanbitbiz@hanbit.co.kr**)로 보내주세요.
한빛비즈(주)는 여러분의 소중한 경험과 지식을 기다리고 있습니다.

최신개정판

세계의 심장, 뉴욕에서 비즈니스를 생각하다

뉴욕
비즈니스
산책

엄성필 지음

Prologue

지금 내 귀에 맴도는 프랭크 시나트라의 명곡 〈뉴욕, 뉴욕〉에서 "내가 거기서 성공한다면 어디서든 성공할 수 있어"라는 노랫말이 흐른다. 프랭크 시나트라로부터 19년 뒤, 제이 지는 "난 여기서 성공했으니까 어디서든 성공할 수 있지"라고 노래한다. 프랭크 시나트라의 '거기'와 제이 지의 '여기'는 다름 아닌 뉴욕, 그래 뉴욕이다. 뉴욕이 세계 비즈니스의 중심지라는 데 이의를 다는 사람은 없을 것이다.

2014년 이 책이 발간된 지 어느덧 5년이 지난 현재의 뉴욕에는 많은 변화가 일어났다. 뉴욕의 뒷골목 마약상이었던 흙수저 제이 지는 꿈에 그리던 10억 달러 자산을 가진 비즈니스맨이 되었다. 금수저 도널드 트럼프는 뉴욕에서 익힌 비즈니스 수완을 바탕으로 결국 미국 대통령이 되었다. 출발은 미미했던 스타트업들이 이제는 유니콘(기업가치가 10억 달러 이상인 스타트업을 전설 속 동물인 유니콘에 비유해 지칭한 말)이 되었거나 굴지의 상장기업이 되었다. 그렇다. 뉴욕은 금수저든 흙수저든 모두가 꿈을 이루게 하는 도시이다. 단언컨대, 당신이 뉴욕에서 성공한다면 용기를 가져도 좋다. 전 세계 어디서나 성공할 수 있는 흥행보증수표를 챙긴 셈이니까.

한때 기업들이 손사래를 치고 떠나갔던 뉴욕. 더럽고 무서운 도시의 대명사였던 뉴욕은 부동산, 금융, 패션, 미디어, 관광에서 나아가 IT 스타트업의 글로벌 중심지로서 실리콘밸리를 넘보고 있다. 트럼프 대통령의 반이민정책에도 불구하고 2018년에는 사상 최고치인 6,500만 명의 국내외 방문객들이 뉴욕을 찾았다. I♥New York 로고가 새겨진 제품은 전 세계인의 사랑을 받으며 불티나게 팔리고 있다.

뉴욕은 어떻게 이미지 변신에 성공했을까? 어떻게 세계의 심장으로 거듭날 수 있었을까?

뉴욕은 도시 브랜딩, 도시재생의 표본이다. 한때 미국에서는 뉴욕의 개발과 보존을 놓고 이해당사자들 사이에 엄청난 갈등이 있었다. 그런데 보존 속 개발이라는 절묘한 개발방식을 통해 뉴욕은 상업적으로 엄청난 성공을 거두게 된다. 바로 이것이 뉴욕의 DNA이자 성공 방정식이다. 그렇다면 뉴욕을 통해 우리가 보고 배울 수 있는 점은 무엇일까?

뉴욕에는 사방 어디를 가든 우리가 보고 배울 수 있는 비즈니스 인사이트가 널려 있다. 그런데 서점에 가보면 뉴욕과 관련된 여행서는 많지만 비즈니스 시각에서 다룬 책은 의외로 없다. I♥New York 로고는 대체 누가 만들었고 경제적으로 어떤 효과가 있는지, 어떤 건물은 하늘을 찌를 듯한데 그 옆의 건물은 왜 낮은 건지, 금싸라기 땅에 왜 재건축을 하지 않는지, 푸드트럭은 왜 그렇게 많고 어떤 방법으로 성공하는

지, 뉴욕에서 먹히는 마케팅이 무엇인지, 자영업자와 소매업체들은 어떻게 다양한 인종을 유혹하는지 등, 뉴욕의 비즈니스와 관련된 질문에 누구도 시원하게 대답해주는 사람이 없었다.

이 책은 그런 호기심에서 출발했다. 뉴욕을 단순한 관광지가 아닌 비즈니스 시각에서 조명하고, 나와 같은 궁금증을 가진 사람들에게 속 시원한 답을 찾아주고 싶었다. 그렇다면 한국의 비즈니스맨들은 뉴욕에 관하여 어떤 주제와 분야를 가장 궁금해하고 알고 싶어 할까? 나는 그동안 접했던 여러 비즈니스맨들, 즉 기업의 기획자와 마케터를 포함하여 학생, 예비 창업자, 스타트업 경영자 등 각계각층 사람들의 의견을 종합하고 주제와 분야를 추려냈다. 그리고 '직접' 부딪혀야 직성이 풀리는 성격 탓에 무작정 뉴욕의 거리로 나와 닥치는 대로 사람들을 만나기 시작했다.

그러다 보니 이민자의 도시 뉴욕이 어떻게 전 세계 비즈니스의 심장이 되었는지, 그 속에서 한국인과 세계 각국에서 온 이민자들이 어떻게 성공가도를 달리는지 알아낼 수 있었다. 특히 그들은 전 세계의 골목상권이 곳곳에서 무너지고 있음에도 다양한 인종을 상대로 황홀한 매출을 올리고 있었다. 그뿐만이 아니다. 나는 세계의 쇼핑 중심지에서 애플스토어, 바니스뉴욕 같은 소매업체들이 어떻게 매장을 구성하고 마케팅 전략을 펼치는지 생생하게 목격했다.

최근 뉴욕은 실리콘밸리와 경쟁하면서 세계 IT기업의 새로운 산실이 되었다. 그래서 나는 뉴욕 스타트업들이 어떤 아이디어로 성공하고 있는지도 샅샅이 살펴보았다. 그들은 상상 그 이상의 아이디어로 뉴욕을 넘어 세계를 호령하고 있었다. 나는 그들의 창업 사례를 통해 우리가 배우고, 벤치마킹할 수 있는 아이템이 무엇인지 수많은 가능성을 엿볼 수 있었다.

그 밖에도 뉴요커가 열광하는 한국의 프랜차이즈와 한국산 제품들이 불티나게 팔리는 이유, 뉴욕이 세계 패션을 선도하는 이유 등에 대해서도 자세히 관찰했다. 나에게 허락된 지면이 너무나도 모자랄 만큼 기록했다. 이 책은 막무가내 정신을 발휘하여 내가 직접 보고 뒤져낸 비즈니스 인사이트의 산물이다. 이 책을 읽는 독자들이 뉴욕의 성공한 비즈니스를 통해 장기불황의 그늘에서 하루 빨리 벗어나기를 희망한다.

나와 함께 이 책의 한 페이지 한 페이지를 산책하다 보면, 뉴욕 비즈니스의 천태만상을 보고 느끼면서 '아, 이거구나!'라고 무릎을 치는 인사이트를 만날 수 있을 것이다. 혹은 머릿속 아이디어를 뉴욕에서 펼칠 수 있을지 모른다는 용기를 얻기 바란다. 그리고 이곳 뉴욕에서 영화 〈세렌디피티〉처럼 '세렌디피티(우연히 찾아온 행운)'를 찾아냈으면 한다. 단, 준비된 자만이 행운을 얻을 수 있다는 것을 명심하시길!

자! 나와 함께 뉴욕으로 비즈니스 여행을 떠나보자!

Let's get going!

뉴욕 맨해튼에서
엄성필

Contents

1장

인종의 용광로,
비즈니스의
용광로가 되다

인종의 전시장,
뉴욕에서
생존하는 법

센트럴파크 남쪽 주변에 들어서고 있는 초고층 주상복합 건물들.

나는 뉴욕 맨해튼의 72번 스트리트에 있는 한 아파트에 살고 있다. 이곳에서 파크 애비뉴와 57번 스트리트 교차로에 있는 사무실까지는 걸어서 30분, 차를 몰고 가면 교통사정에 따라 10~30분 정도 걸린다. 길이 막히면 걸어서 가나 차를 타나 마찬가지고, 된통 막힐 때는 걸어서 가는 게 훨씬 더 빠르다.

내가 사는 아파트 도어맨은 중남미 출신의 히스패닉이다. 출근할 때면 그를 반드시 만나는데, 우리의 아침 인사는 간단한 스페인어로 딱 정해져 있다. "부에노스 디아스Buenos dias(아침 인사의 스페인어)!" 그러고 나면 도어맨은 항상 내게 묻는다. "택시?" 사실 그만큼 내가 "노, 그라시아스Gracias(땡큐의 스페인어)."라고 대답했으면 내가 아침에 택시를 타지 않는다는 것을 알아챌 법도 한데 매일같이 묻는다. 아마도 그렇게 하라고 배운 모양이다.

눈이 부리부리한 도어맨과 인사하고 거리로 나서면, 애완견을 데리고 나온 사람들을 곳곳에서 보게 된다. 애완견을 데리고 나온 사람은 대략 세 가지 부류로 나눌 수 있다. 그들은 바로 애완견의 주인이나 내니nanny(가사 도우미) 혹은 독 워킹dog walking 서비스맨들이다. 백인이라면 대부분 애완견의 주인이고, 흑인이라면 내니일 확률이 높다. 한국에

서는 보기 드문 뉴욕의 독 워킹 서비스는 다양한 인종의 젊은 남자들이 하고 있다.

나도 개를 좋아하는 편이기는 하지만 아무 데서나 소변을 보는 개들을 볼 때면 머리가 아프다. 뉴욕에서도 애완견의 대변은 주인이 직접 치우지만 소변은 그대로 둔다. 하긴 생각해보면 소변은 치우기가 참 애매하기도 하다. 어쨌든 화장실이 부족한 맨해튼에선 밤새 실례를 하는 사람들과 개들의 실례까지 더해져 출근길 곳곳에서 항상 고약한 냄새가 난다.

몇 번 인상을 찌푸리면서 다운타운 방향으로 걷다 보면 내가 자주 들르는 맥도날드가 나온다. 길 건너편에 스타벅스가 있지만 길게 줄을 선 사람들 뒤에서 기다리는 게 싫어서 맥도날드로 향한다. 맥도날드의 직원은 대부분 흑인이다. 그리고 출근 시간대에는 주로 백인 노인들,

흑인, 히스패닉이 테이블에 앉아 있다. 출근 시간대에 맥도날드 테이블에서 시간을 보내고 있는 사람들을 볼 때면 매번 안타까운 생각이 든다. 뉴욕이 세계 경제의 중심지이기는 해도 역시 장기불황의 그늘을 피해 갈 수는 없는 것 같다.

　　스타벅스나 맥도날드 외에도 맨해튼의 출근길에는 교차로마다 간단한 음식을 파는 푸드카트가 자리 잡고 있다. 다양한 국가에서 이민자들이 모인 만큼 푸드카트의 메뉴도 그야말로 골라 먹는 재미가 있다. 내가 애용하는 푸드카트는 에콰도르 출신이 운영하고 있다. 매번 먹는 메뉴가 정해져 있어서 주인은 내 얼굴만 봐도 척하고 안다. 바로 크루아상과 아메리카노 한 잔이다. 크루아상 1.5달러, 커피 1달러, 합이 2.5달러로 비교적 저렴한 편이다. 나는 영화 속 뉴요커처럼 아메리카노를 한 손에 쥐고 횡단보도까

> **푸드카트, 푸드트럭**
> 뉴욕의 길거리 음식으로 지정된 노점과 차량으로 일정한 장소에서 음식을 판다.

지 걸어간다.

맨해튼의 도로는 바둑판처럼 생겼기 때문에 교차로와 횡단보도가 많다. 이미 많이 알려진 이야기지만 뉴욕에서 빨간 신호에 굴하지 않고 마구 길을 건너는 사람들은 대부분 뉴요커다. 반면에 끝까지 신호를 기다리는 사람은 대부분 관광객이다. 내가 스스로 '나도 뉴요커가 다 됐군'이라고 생각한 것은 걸어서 30~40분 정도 걸리던 출근길이 20분 남짓으로 줄었을 때이다. 하지만 오해하지 마시길. 뉴요커들도 차가 없을 경우에 신호를 무시하는 것이지 무조건 마구 건너지는 않는다. 물론 교통신호를 지키는 것이 원칙이기는 하지만, 이곳에서 허용되는 문화적 현상이니 따를지 여부는 각자의 몫으로 남겨두기로 하자.

어쨌든 뉴욕 맨해튼에서는 아침 출근길만 해도 정말 다양한 인종의 사람들과 마주친다. 그들은 뉴욕이라는 인종의 전시장에서 나름대로 직업을 가지고 열심히 살아가고 있다. 그렇다면 이들은 대체 어디서 왔고, 어디에 살고, 어떤 직업을 토대로 살아가고 있을까? 그리고 이들은 뉴욕의 발전에 어떻게 기여하고 있을까?

뉴욕 시민 둘 중 하나는 이민자라고?

2013년 뉴욕시장 선거에서는 전에 없던 광경이 연출됐다. 커다란 솜뭉치 같은 아프로 헤어스타일의 흑인 청년이 백인 후보자와 함께 다정한 모습으로 선거유세를 다닌 것이다. 레게머리의 흑인 모녀도 함께 있었다. 바로 뉴욕시장 선거에서 2013년에 이어 2017년에도 압도적인 표차로 승리를 거둔 빌 드 블라시오Bill de Blasio 시장의 가족 이야기이다.

> **아프로afro 헤어스타일**
> 흑인 특유의 헤어스타일 중 하나. 곱슬곱슬한 머리카락을 크고 둥근 모양으로 부풀린 스타일이다.

빌 드 블라시오는 독일계 백인이고 그의 아내는 이탈리아계 흑인이다. 그들 사이에는 검은 피부를 가진 자녀 둘이 있다. 빌 드 블라시오 가족은 그 자체로 다문화, 다인종을 상징하는 하나의 메시지였다. 덕분에 뉴욕 내 흑인은 물론이고 히스패닉, 아시아 인종 등 새로운 이민자들로부터 높은 지지를 받아 뉴욕시장에 연거푸 당선될 수 있었다.

뉴욕에선 다문화주의를 표방하지 않고는 정치를 하기 힘들 만큼 다양한 이민자들이 살아간다. 미국 센서스 자료에 따르면 2017년 기준 뉴욕시의 인구는 약 856만 명으로 이 중에서 백인이 366만 명(히스패닉계 백인 약 91만 명 포함), 흑인이 208만 명, 기타 인종이 129만 명(주로 히스패닉 혈통), 아시안이 120만 명 등이다. 이것은 즉, 뉴욕을 구성하는 사람들 중에서 반 이상이 이민자이거나 이민자의 2세라는 이야기이다. 빌드 블라시오가 시장 선거에서 두 번 연속 압도적인 표차로 승리를 거둔 것이 이해될 만한 대목이다.

그렇다면 이민자들은 뉴욕에서 어떻게 살아가고 있을까? 뉴욕을 움직이는 노동력 중 이민자가 차지하는 비중은 45퍼센트로 비교적 높은 수준이지만, 그들의 소득은 기대에 미치지 못한다. 뉴욕시 이민국이 2018년 3월 내놓은 자료에 따르면 미국 태생 뉴요커의 연평균 소득은 4만 5,341달러인데 반해 외국 태생 이민자는 3만 253달러로 30퍼센트 이상 적다. 이것도 신분별로 격차가 커서 시민권자는 3만 8,048달러로 비교적 높은데 반해 영주권자는 2만 5,190달러, 그리고 불법체류자는 2만 3,175달러로 더 떨어진다. 왜 이런지는 이민자들의 직업을 살펴보면 쉽게 알 수 있다. 기업의 임원이나 의사, 변호사 같은 전문직에서 이민자의 비율은 30퍼센트에 불과하다. 반면에 간병인, 운전수, 건설잡역부 같은 직업군에서의 이민자 비율은 70퍼센트로 압도적이다. 주로 이민자가 저임금 노동을 담당하고 있다는 사실이 간단한 수치로 증명되고 있는 셈이다.

더불어 뉴욕에 사는 사람들에게는 특정 직업에 특정 국가 출신이 많다는 인식이 있다. 이 역시 저임금 노동에 국한된 이야기이다. 예를 들어 택시운전자는 파키스탄인, 봉제공장 근로자는 중국인, 식당 설거지 담당은 멕시코인 등이다. 정말 그럴까 싶지만 실제로 뉴욕 택시운전자의 82퍼센트, 봉제공장 근로자의 90퍼센트, 주방잡역부의 67퍼센트가 이민자로 이루어져 있다.

또한 같은 직군에 있다고 하더라도 임금 수준은 인종별로 차이가 난다. 미국에서 태어난 백인의 임금을 100이라고 해보자. 그렇다면 외

인종의 전시장답게 한글 포함
5개 언어로 안내문이 붙어 있다.

국 출생 이민자는 50~80퍼센트 수준의 임금을 받는다. 그런데 국적보다는 인종이 더 중요한 요소로 작용한다. 미국에서 태어났다고 해도 흑인이나 히스패닉은 외국에서 태어난 백인 이민자들보다 더 적은 임금을 받기 때문이다.

이게 무슨 말인가 싶을 테지만, 현실은 무엇을 상상하든 그 이상이다. 유색인종은 구조조정 대상의 1순위지만, 채용에서는 가장 낮은 순위이다. 흑백 간 실업률 격차가 늘어났다는 뉴스는 여전히 인종 간 차별이 존재하다는 안타까운 현실을 보여주고 있다.

정식 이민자들을 제외한 불법체류자들은 당연히 모든 면에서 가장 밑바닥에 위치한다. 뉴욕에는 50만 명의 불법체류자들이 있는 것으로 추정되는데 그중에서 1만 명 이상이 접시를 닦는 일에 종사한다. 이는 같은 직종에 근무하는 전체 근로자의 50퍼센트 이상을 차지하는 수치이다. 재봉사, 페인트공, 건설잡역부, 주방잡역부의 30퍼센트 이상도 불법체류자들인 것으로 알려져 있다.

뉴욕에서 이민자들은 낮은 소득에도 불구하고 한편으로는 첨단산업분야에서, 다른 한편으로는 도시의 궂은일을 도맡아 하면서 뉴욕 경제의 건강과 활력에 중요한 기여를 하고 있다. 이민자들은 뉴욕시 비즈니스의 52퍼센트를 소유하고 있고, 2017년 기준 뉴욕시 GDP의 22퍼센트를 창출하고 있다. 뉴욕이 세계의 중심도시로 발전하는데 순은 공로자가 있다면, 다름 아닌 바로 이민자들일 것이다.

유태인의 두 얼굴

2013년 9월 초, 출근하기 위해 주차장으로 가는 아 파트 엘리베이터에서 경고문 하나를 보았다. "로슈 하 샤나 기간 중에 일꾼 출입금지No contractor admitted during Roch Hashanah." 대체 로슈 하샤나가 뭐길래 공사도 중단

로슈 하샤나
Roch Hashanah
새해를 기념하는 유태교의 4대 절기 중 하나로 다른 말로는 '나팔절'이라고도 한다.

하지? 회사 사무실에 있는 현지 직원에게 물어보았더니 2013년은 9월 4일부터 6일까지가 유태인의 설날로 휴일이라고 했다. 그 기간에는 학 교도 모두 쉰다. 자녀를 키우는 이민자들은 로슈 하샤나 기간에 아이 맡길 곳을 찾아 헤매거나 휴가를 내야 할지도 모를 일이다.

뺑소니로 죽은 아이를 애도하기 위해 브루클린 윌리엄스버그에 모인 유태인들.

맨해튼 오차드 스트리트. 한때 유태인 집단 거주지였다.

브라이튼 비치의 러시아 출신 유태인 거리.

대체 유태인의 명절이 얼마나 대단하기에 뉴욕의 모든 학교가 문을 닫느냐고 물을 수 있다. 이유는 간단하다. 뉴욕이 유태인의 도시이기 때문이다. 1950년에 뉴욕시 인구의 25퍼센트가 유태인이었고, 미국 전체 유태인의 40퍼센트가 뉴욕시에 거주했다. 현재 856만 명의 뉴욕시 인구 중 무려 110만 명 이상이 유태인이고, 정통유대교도들의 높은 출산율로 인해 뉴욕시 유태인 인구는 팽창하고 있다. 그러나 단순히 인구수로만 유태인의 힘을 판단할 수는 없다. 그들은 뉴욕의 정치와 경제뿐만 아니라 사회 전반적인 영역에서 두루 활동하고 있다.

미국 내 유태인들은 출신에 따라 크게 세 가지 부류로 나눌 수 있는데 첫째는 독일 출신의 유태인들이다. 이들은 19세기 중엽 독일의 유태인 탄압에 못 이겨 미국으로 넘어왔다. 대다수가 지식인층으로 처음에는 주로 상업에 종사했지만, 지금은 각계각층에서 미국을 움직이는 중심 세력이 되었다.

둘째는 동유럽 출신의 유태인이다. 이들도 탄압과 경제적 어려움 때문에 건너온 사람이 대부분이다. 1880년에서 1924년 사이에 대략 200만 명의 동유럽 출신 유태인들이 뉴욕 메트로폴리탄 지역에 정착했다. 이들도 미국에 잘 정착한 편이다. 지금은 자영업으로 성공한 사람들도 많고 엔지니어링, 과학, 의학, 금융, 법률 등 다방면에서 맹활약하고 있는 사람들도 많다.

셋째는 러시아 출신 유태인들로 1970년대부터 미국에 들어오기 시작했다. 이들은 미국의 유태인 중에서 경제적으로 가장 열악하며, 각종 범죄로 많은 문제를 일으켰다.

특히 구소련 출신 유태인들은 독일이나 동유럽 출신 유태인들과 잘 섞이지 못했다. 가장 큰 어려움은 영어가 제대로 되지 않는다는 점이었지만, 문제는 그뿐만이 아니었다. 고향에서의 경력이나 자격증이 미국에서 인정되지 않아 휴지조각이나 다름없었다. 그들은 이와 같은 상황을 '지적 대학살'이라고 표현하기도 했다. 1987년에서 1990년 사이에 구소련에서 넘어온 유태인의 15퍼센트가 과학 및 엔지니어링 분야 박사학위 소지자였던 것으로 추정되고 있어 그 표현에 일리가 있다.

물론 일부 뛰어난 수학자, 과학자들은 미국 대학이나 기업에서 데려갔지만 그건 극소수에 불과했다. 대부분은 자신들이 원하는 일자리를 찾지 못했다. 다급한 마음에 하위직 일자리라도 알아보려던 사람들은 오히려 자격이 넘친다는 이유로 거절당해야만 했다.

일자리를 찾지 못한 한 엔지니어는 '러시아에서는 유태인임을 숨겨야 했고, 미국에 와서는 박사학위를 숨겨야 했다'며 절망했다. 특히 여성의 경우는 상황이 더욱 심각했다. 러시아 민스크에서 32년간 소아과 의사로 활동했던 한 여성이 미국에 와서 할 수 있는 일은 봉제공장 재봉사뿐이었다. 이처럼 답답한 상황은 오래전 한국 이민자들에게도 동일하게 적용되었다.

상대적으로 고학력을 가졌음에도 불구하고, 제대로 된 직업을 찾기 힘들었던 구소련 유태인들은 뉴욕에서 소득이 가장 낮고 빈곤율이 제일 높은 계층이 되었다. 하지만 긍정적인 소식도 있다. 다른 것보다 자녀 교육열이 특히 높아, 2세들의 75퍼센트가 4년제 대학에 다니고 있거나 졸업을 했다는 것이다. 현재 그들의 2세들은 금융 및 IT산업 등 전문 분야에서 활약하고 있다.

중국인, 뉴욕에 차이나타운을 건국하다

내가 주말 아침마다 종종 가는 곳이 있다. 바로 차이나타운이다. 맨해튼 중앙에 자리 잡고 있는 이곳은 들어서는 순간 바로 몇 분 전까지 내가 뉴욕에 있었다는 사실을 잊게 만든다. 사방에서 들리는 중국인들의 경쾌한 말소리, 오로지 한자로만 적혀 있는 간판들, 각종 신기한 식재료와 국수, 양꼬치, 딤섬 같은 중국 전통음식들, 중국풍의 잡화를 파는 가게들. 구경하는 재미에 정신이 팔려 있을 때쯤, 어디선가 조심스럽게 접근하는 상인이 있다. 누가 봐도 짝퉁이 확실한 물건을 사라며 호객행위를 하는 사람들이다.

짝퉁 구입을 미루고 찾은 곳은 차이나타운 한가운데에 있는 작은 공원이다. 그곳에서 어슬렁대는 사람들 99퍼센트가 중국 노인들이다. 가끔 공원 가운데를 지나가는 백인들을 보면 아주 먼 나라에서 방문한 관광객처럼 느껴질 정도다. 노인들은 삼삼오오 모여서 잡담을 나누거나 어설피 쿵푸를 연습하기도 한다. 어떤 사람들은 아예 파라솔과 돗자리를 펴놓고 잠을 청하기도 하는데, 그 느낌이 낯설지가 않다. 마치 우리나라의 파고다 공원을 보는 것 같기 때문이다.

아시아를 제외하면 뉴욕은 중국인이 가장 많은 도시다. 이들이 본격적으로 뉴욕에 들어온 때는 1982년부터인데, 대략 7만 명 정도가 합법적으로 정착했다. 1990년대 이후에는 급격히 늘어났다. 현재 뉴욕시 거주 이민자 약 313만 명 중 10퍼센트 이상에 해당하는 32만 명 정도가 맨해튼 차이나타운, 퀸즈 플러싱, 브루클린 선셋파크 등을 중심으로 모여 살고 있다. 이는 1위인 도미니카 공화국(약 42만 명) 다음으로 많은 것으로, 그야말로 또 다른 중국이 뉴욕시 안에 있는 셈이다.

차이나타운 중심가.

중국인들이 좋아하는
붉은색과 노란색으로 장식된 건물들.

1장 인종의 용광로, 비즈니스의 용광로가 되다

중국 상인이 내미는 카탈로그를 보고
짝퉁을 구입하려는 사람들이 줄을 잇고 있다.

차이나타운 내의 작은 공원에서
중국 여성들이 마작을 즐기고 있다.

체면은 저리 가라,
뭉치면 살고
흩어지면 죽는다!

✔ **비영어권 이민자들에게 가장 큰** 장벽은 언어였다. 한국인, 구소련 출신 유태인 등은 영어라는 장벽에 막혀 고국에서의 고학력과 각종 자격증을 거의 활용할 수 없었다. 이들의 생존법은 백인들이 꺼려하는 3D 업종, 즉 힘들고Difficult, 더럽고Dirty, 위험한Dangerous 일에 뛰어드는 것이었다. 어쨌든 이민 초기에 이것저것 따지지 않고 돈벌이에 뛰어든 사람들은 대부분 성공했다. 그들은 과거에 가졌던 사회적 지위나 체면 같은 건 한구석에 넣어둔 사람들이었다.

이민자들은 대부분 끼리끼리 몰려 살았다. 그래서 리틀이탈리아, 차이나타운, 코리아타운 등이 형성되었다. 초기에는 같은 민족을 고객으로 했지만 차츰 알려지면서 고객의 범위가 넓어졌고, 이제는 세계인이 찾는 명소가 되었다. 이렇듯 미국 이민사회에서는 "뭉치면 살고 흩어지면 죽는다"는 격언이 주효하다.

이민자들은 민족의 장점과 개성을 살려 특정 산업과 업종에 집중하고 세력을 확장했다. 그 결과 유태인은 다이아몬드 산업을 독점하고 있고, 한국인은 뷰티서플

라이, 네일살롱 분야에서 독보적이다. 이탈리아·중국·일본은 식당사업에서, 필리

핀·자메이카는 헬스케어 분야에서 두각을

나타낸다. 다만 히스패닉이 주방일과 주

차관리, 파키스탄인이 택시운전, 중국인이

짝퉁 판매를 하는 것을 특화라고 해야 할

지 호구지책이라고 해야 할지 헷갈린다.

어쨌든 이민자들은 미국의 경제, 산업이 필요로 하는 재능을 제공하면서, 때로는 새로운 산업과 업종을 일으키고, 음지에서 묵묵히 궂은일을 도맡아 하며 미국과 뉴욕의 경제 발전에 기여해왔고, 이제는 없어서는 안 될 사회구성원이 되었다.

이는 우리나라의 이민정책에도 많은 시사점을 제공한다. '다문화'라는 단어가 낯설지 않은 요즘 한국에도 다양한 나라에서 온 이민자들이 힘들고 어려운 산업 분야에서 일하고 있는 경우가 많다. 중국이나 동남아 출신 체류자들은 이제 우리 경제와 산업 현장에서 빼놓을 수 없는 존재가 되었다.

세계의 모든 나라 사람들이 모이는 뉴욕을 보면 이민자들이 어떤 과정을 거쳐 도시에 적응하고 생활하고 있는지 알 수 있다. 다문화를 외치고 있는 요즘, 뉴욕의 이런 사례를 면밀하게 검토하여 긍정적인 방향으로 공존할 수 있는 정책을 만들 수 있을 것 같다. 우리의 입장이 아닌 그들의 입장에서 본 합리적인 이민 및 정착정책과 비즈니스 모델이 필요한 시점이다.

민족음식의
경연장,
뉴욕의 맛 대 맛

뉴욕의 직장인이건, 한국의 직장인이건 공통된 고민이 있다면 바로 '점심엔 뭘 먹지?'가 아닐까. 한 달에 한 번 돌아오는 월급날과 하루에 한 번 돌아오는 점심시간은 그 무엇과도 바꿀 수 없는 즐거움이다. 뉴욕의 직장인들이 선호하는 점심 중 하나는 바로 푸드트럭을 이용하는 것이다. 나도 푸드트럭을 애용한다. 좁고 복잡한 식당이 아니라 탁 트인 공원에서 한가롭게 점심을 먹고 있으면 사람들이 말하는 '뉴요커'가 된 느낌이랄까. 물론 다양한 메뉴와 비교적 저렴한 가격은 기본이다.

직장인 사이에서 거리음식 명소로 소문난 곳이 몇 군데 있다. 파크 애비뉴를 따라 다운타운 방향으로 위치한 푸드트럭들이다. 벨기에 와플 와플즈앤딩스Wafels & Dinges, 그리스 음식 엉클구시스Uncle Gussy's, 김치타코Kimch Taco, 코릴라비비큐Korilla BBQ, 레바논 음식 토움Toum, 유기농 채식주의자 음식 시나몬스네일Cinnamon Snail, 동북부 메인주에서 잡은 신선한 랍스터롤을 판매하는 루크즈랍스터Luke's Lobster 등 뉴욕시에는 많은 푸드트럭이 세계 각국의 다양한 음식을 선보이고 있다.

내가 자주 애용하던 김치타코는 김치타코 1개당 4달러, 그리고 3개 콤보는 10.75달러를 받는다. 맥

도날드 빅맥에 비해서는 약간 비싸다. 하지만 이 정도의 음식을 식당에서 먹으려면 팁을 포함해 20달러 이상이 들기 때문에, 나는 긴 줄을 언제나 마다하지 않는다.

맨해튼에서는 일요일마다 특정 거리를 지정해 거리를 막아놓고 스트리트 마켓을 열기도 하는데, 이곳의 음식들은 다양하고 맛 또한 훌륭하다. 이곳에서는 내가 특히 좋아하는 이탈리아 원조 핫도그를 판다. 모양은 우리나라 순대와 비슷하게 생겼지만, 매콤한 양념 맛이 한 번 먹으면 잊을 수 없게 만든다.

맨해튼 1번 애비뉴에서 열린 스트리트 마켓.

언젠가 핫도그 트럭 앞에 줄을 서서 기다리는데 뒤에 있던 한 흑인 여성이 주인에게 가격을 물었던 적이 있었다. 주인이 9달러라고 대답하자 그녀는 잘못 알아들었다는 듯이 나에게 "9달러라고 했어요?"라고 되물었다. 내가 그렇다고 하자, 그녀의 외마디 대답. "F***!" 사실 거리에서 파는 핫도그치고는 9달러이면 비싼 편이다. 하지만 욕까지 내뱉을 필요가 뭐 있담. 나는 그녀의 욕설을 뒤로하고 매콤한 핫도그를 순식간에 먹어치웠다. 역시 먹을 때마다 반하는 맛이다.

뉴욕은 다양한 인종만큼이나 음식의 종류도 다양하다. 게다가 푸

플라자 호텔 앞에 있는 시민 휴식공간.

드트럭이나 푸드카트, 2개의 시스템으로 판매하는 방식도 표준화, 정형화되었다. 그렇다면 뉴욕의 거리음식은 언제부터 시작되었을까?

핫 콘 걸, 뉴욕 거리의 맛을 시작하다

프레첼pretzel
독특한 하트 모양을 가진 빵과자의 일종으로 부드럽게 구운 것과 딱딱한 과자 형태로 구운 것이 있다.

크니쉬knish
감자, 쇠고기 등에 밀가루를 입혀서 튀기거나 구운 것.

19세기 중엽, 가난한 여성들이 생계 유지를 위해 거리에서 옥수수를 구워 판 것이 뉴욕 거리음식의 시작이라고 할 수 있다. 이른바 '핫 콘 걸Hot Corn Girl'의 등장이었는데 이후 각국의 이민자들이 거리로 나와 핫도그나 프레첼, 크니쉬 등을 팔기 시작했다.

1965년 미국 이민법 개정
1965년 이전 미국의 이민법은 민족별 이민쿼터제를 만들어 인종별 구성비율을 철저하게 통제하고 있었다. 하지만 1965년 이민법이 개정되면서 이민쿼터제가 폐지되었고 히스패닉, 아시아인 등 새로운 이민자들이 급속히 늘어나게 되었다. 이 시기에 미국으로 건너간 한국인 이민자들의 수도 상당하다.

이런 거리 노점상은 1965년 미국의 이민법 개정으로 획기적인 변화를 맞게 된다. 미국 국경이 열리면서 아시아, 남유럽, 카리브해 연안국에서 이민자들이 대거 들어온 것이다. 특히 그리스인들의 활약이 두드러졌다. 그들은 푸드카트를 운영하면서 다양한 그리스 음식을 팔아 재미를 보았고, 다른 이민자들을 고용하기도 했다. 오늘날에도 인기 있는 거리음식들이 등장한 것도 바로 이 시기이다.

1981년에 레스토랑 비평가 미미 쉐라톤Mimi Sheraton은 〈뉴욕타임

스〉에 중국인 푸드카트의 푸만추Fu Manchu 스튜, 아프
카니스탄인 푸드카트의 튀긴 쇠고기 코프타를 극찬했
다. 이것은 거리음식이 저렴한 값에 한 끼를 때우는 정
도가 아니라 하나의 요리로서도 가치를 인정받기 시작
한 것이라고 볼 수 있다.

코프타kofta

고기, 생선, 치즈에 양념을 하
고 으깬 뒤 동그랗게 빚어 만
든 남부아시아 지역의 음식

  그렇다면 최근 맨해튼에서 가장 핫한 푸드카트는 무얼까? 바로 퀵
밀Kwik Meal이다. 퀵밀은 그리스, 중동 음식 전문 푸드카트로 맨해튼 45
번 스트리트와 6번 애비뉴 근처에 가면 볼 수 있다. 맨해튼 고급식당 러
시안티룸Russian Tea room의 부주방장이었던 방글라데시 출신 모하메드
라만Mohammed Rahman은 2000년대 초 세계무역센터 근처 푸드카트에서

음식을 먹은 적이 있다. 그때 모하메드가 느낀 감정은 실망 그 자체였다. 하지만 그 실망감이 그를 움직이게 했다. 자신이 직접 음식을 만들어 팔아야겠다고 결심했기 때문이다. 그가 주력한 메뉴는 부드러운 양고기가 들어간 케밥이었다.

팔라펠falafel
콩 종류를 곱게 갈아 만드는 크로켓의 일종으로 중동 음식이다.

방글라데시 양념에 양고기, 중동식 팔라펠, 치킨 등을 넣어 만든 모하메드라만의 케밥은 곧 택시운

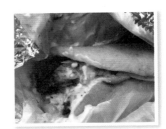

전자와 직장인들 사이에서 유명세를 타면서 푸드카트에서 파는 요리 중 가장 부드럽고 맛있는 양고기 요리라고 소문이 났다. 인기가 확산되면서 그의 푸드카트는 〈뉴욕타임스〉에 소개되기도 했다.

이렇게 푸드트럭 문화가 점점 확산되던 중 갑자기 제동이 걸렸다. 루돌프 줄리아니와 마이클 블룸버그 전 뉴욕시장이 '뉴욕을 살기 좋은 곳으로 만들기'라는 캠페인을 앞세워 푸드트럭 및 푸드카트의 허가증 숫자를 제한하고, 거리음식을 강력히 규제한 것이다. 하지만 그에 따라 트위터나 페이스북 같은 SNS를 이용한 변화가 나타나기 시작했다. 즉 SNS를 통해 고객에게 영업장소와 시간을 미리 알려준 것이다. 그러면서 새로운 고객을 창출할 수 있게 되었고, 오히려 매출이 증가하는 효과를 보게 되었다.

잘나가는 푸드트럭의 애환

푸드트럭에서 음식을 사기 위해 가장 필요한 것은 무엇일까? 바로 인내심이다. 유명세를 타고 있는 푸드트럭이라면 아무래도 좀 더 큰 인내심이 필요하다. 내 앞으로도 뒤로도 길게 늘어서 있는 손님들을 보고 이런저런 생각을 하다, '저게 다 돈인데' 하는 생각이 들 수도 있다. 그후엔 다음과 같은 생각이 따라붙을지도 모르겠다. '나도 뉴욕에서 푸드트럭이나 해볼까?'

세상에 쉬운 일은 하나도 없다지만 푸드트럭도 예외는 아니다. 예컨대 푸드트럭 허가증을 받기 위해 3천 명이 기다리고 있다면 어떨까. 그것도 평생이 아니라 고작 2년을 장사하기 위해서 말이다. 허가증 받기가 하늘의 별따기보다 어려운 셈이다. 더불어 2년짜리 푸드트럭 허가증에는 200달러가 필요하고, 갱신을 위해서는 또다시 200달러가 필요하다. 하지만 이것도 기적처럼 허가증을 얻은 사람에 한해서다.

상황이 이렇다 보니 당첨 확률을 높이기 위해 온 가족이 신청하는 것은 당연한 관례가 되었고, 신규로 허가를 취득하려면 10년 이상이 걸린다는 말이 나돈다. 그 때문에 허가증을 놓고 암시장이 형성되었다.

허가증은 원칙적으로 양도가 불가능하지만 현실은 다르다. 사람들은 2만 달러에서 2만 5천 달러를 주고 2년짜리 허가증을 빌려 영업을 시작한다. 푸드트럭 영업자 60퍼센트 이상이 허가증을 빌려서 운영하는 것으로 추정된다. 앞서 언급했던 퀵밀의 모하메드 라만도 맨해튼 미드타운에서 11년 동안 푸드트럭을 운영해오고 있지만, 빌린 허가증 사용료로 2년마다 1만 5,000달러를 지불하고 있다.

1980년대에 뉴욕시는 푸드트럭과 카트의 숫자를 3천 개(여름에는 4천 개)로 제한하였고, 지금까지도 그 숫자는 늘지 않고 있다. 지난 2016년 10월 뉴욕시의회가 길거리음식판매현대화법Street Vending Modernization Act을 통해 2023년까지 허가증을 8천 개로 늘리겠다고 제안한 상태이지만, 아직까지도 논의만 계속되고 있다.

운 좋게 정식 허가증으로 장사를 한다고 해도 장사가 쉬운 것은 아니다. 관련 부처마다 제각기 법을 집행하다 보니 사실상 조금이라도 법을 어기지 않고서는 영업이 불가능하기 때문이다.

예를 들어 주차미터기가 있는 거리 주차장, 학교에서 반경 200피트 이내, 시장에서 반경 500피트 이내 등 영업금지 구역을 제외하면 장사할 만한 장소 찾기가 쉽지 않다. 게다가 푸드트럭에서 일하는 종업원은 보건부에서 위생허가증을 획득해야 한다. 따라서 종업원이 그만두게 되면 새 종업원을 채용해도 신규위생허가 취득에 3개월 이상을 또 소비해야 한다. 그만큼 장사에 차질이 생길 수밖에 없다.

푸드카트의 위생규정
모든 푸드카트는 매일 등록된 관리소를 방문해 청소 서비스를 받아야 한다는 규정도 있다.

뉴욕시의 명물 푸드트럭 시나몬스네일 주인 아담 소벨Adam Sobel은 각종 규제 때문에 뉴욕시 거리에서 푸드트럭 영업을 접었다. 대신 그는 파머스마켓과 같은 특별한 행상에서만 푸드트럭 영업을 하고 있다.

1장 인종의 용광로, 비즈니스의 용광로가 되다

센트럴파크나 동물원 인근에 있는 푸드트럭의 경우는 어떨까. 위치 선정으로 보면 사람들이 많이 오는 곳이기 때문에 이익이 많을 것 같지만 실상 그렇지만도 않다. 뉴욕 공원관리청은 공원 내 푸드카트 허가증을 별도로 관리하고 있다. 허가증 기간은 5년이고 경매를 통해 발급한다. 그런데 영업허가증 가격이 정말이지 상상을 초월한다. 맨해튼 센트럴파크 동물원 입구에 있는 핫도그 푸드카트는 5년 계약을 기준으로 1년에 약 29만 달러를 지불한다. 센트럴파크 안의 푸드카트는 대부분 1년에 10만 달러 이상을 지불하는 것으로 알려져 있다. 이쯤 되면 그냥 푸드트럭 앞에 줄을 서서 음식을 기다리는 것이 마음 편하지 않을까 싶다.

푸드트럭에도
성공 방정식이
있다!

✔ **인구 856만 명의 뉴욕시는** 주변에서 출퇴근하는 사람들과 연간 6,500만 명의 방문객이 몰리는 세계 최대의 상권이다. 상권만 보면 뉴욕에서 식당 하기가 쉬운 것 같아 보이지만 실상은 더 어렵다. 사람들이 많은 만큼 식당과 먹거리도 많아서 금방 비교되기 때문이다. 특히 뉴요커들은 맛에 관해서라면 귀신이다. 맛없는 집은 금방 알아차리고, 자기만 가지 않는 것이 아니라 입소문을 내고, 심지어는 리뷰 사이트에 악플을 올리기도 한다. 이는 푸드트럭이라고 해서 예외는 아니다. 사람들이 항상 줄을 서 있는 푸드트럭이 있는가 하면 파리만 날리는 곳들도 많다. 그렇다면 잘나가는 푸드트럭들은 어떠한 성공 방정식을 가졌을까?

첫째는 대부분 사전에 철저한 시장조사를 통해 틈새시장을 찾아냈다는 것이다. 자신이 만든 음식을 먹어줄 고객이 충분한지, 그리고 고객이 있을 만한 장소를 여러 번 검증해가며 끈질기게 찾아냈다.

둘째는 맛과 품질이다. 성공한 푸드트럭은 자기만의 레시피를 통해 독특한 맛을 개발해냈다. 중동식 양고기 요리를 파는 퀵밀의 모하메드 라만은 러시안티룸 부주방장 출신답게 자신이 개발한 매운 소스에 양고기를 재워 팔면서 인기를 끌었다. 김치타코트럭의 필립 리Phillip Lee는 김치, 불고기를 응용한 타코 등을 개발했다. 와플즈앤딩의 토마스 드기스트Thomas Degeest는 쫀득하고 단맛이 강한 벨기에식 리에주 와플을 처음으로 미국인에게 선보였다. 루크즈랍스터는 메인주에서 갓 잡은 랍스터를 24시간 내에 배달받아 사용하는 신선한 맛이 매력이다. 그리스 음식의 대명사 엉클구시스도 음식에 뿌려 먹는 짜지키Tzatziki소스로 유명하다.

여기에 좋은 재료를 쓰는 것은 기본이다. 푸드트럭의 특성상 사람들이 식품안전성에 의구심을 갖기 때문에 일반 식당보다도 오히려 더 신선하고 좋은 식자재를 사용한다. 일단 맛이 있으면 사람들이 몰려들고 입소문과 SNS를 통해 전파된다. 그리고 신문, 방송에서도 기사로 다루면서 인기를 끌게 되는 것이다. 유명한 푸드트럭들은 대부분 이런 과정을 거쳤다. 마지막으로 합리적인 가격책정에 트위터, 페이스북, 홈페이지 같은 SNS 활용은 기본이다.

성공한 푸드트럭 중 상당수는 오프라인 레스토랑으로 발전하였다. 그리고 푸드트럭과 상호보완적인 역할을 통해 시너지 효과를 내고 있다. 다만 푸드트럭은 허가증과 시 당국의 단속, 위생 문제가 사업의 최대 위협요소다. 특히 코스트코 같은 곳에서 크루아상, 베이글, 냉동음식 등을 사다가 그대로 다시 되파는 방식으론 통하지 않는다. 소비자들이 귀신같이 알아차린다.

푸드트럭은 소자본으로 창업이 가능하고, 고객을 찾아 이동할 수 있다는 장점도 있기 때문에 자기만의 '레시피'만 확보된다면 해볼 만한 사업이다. 그리고 뉴욕에서 통하는 각종 민족음식은 서울에서도 먹히지 않을까? 우리의 거리에도 그리스식 꼬치, 중동식 케밥, 벨기에식 와플 등을 먹을 수 있기를 기대해본다.

뉴욕과 이탈리아를
연결하는
잇탈리

뉴요커들은 물론이고, 관광객들 사이에서도 핫 플레이스로 주목받는 곳이 있다. 바로 잇탈리Eataly라는 신개념의 이탈리아 음식 백화점이다. 맨해튼 플랫아이언 빌딩 근처에 위치한 이곳은 슈퍼마켓과 식당은 물론이고 서점, 요리학원까지 한데 모여 있어 처음 방문한 사람은 어마어마한 규모에 놀라고 만다.

나 역시 처음 방문했을 땐 뭔가에 홀린 사람처럼 뭐가 뭔지 모른 채 몇 바퀴나 돌며 헤맸다. 하지만 조금 헤매는 것이 정상일 만큼 이곳은 규모가 크고 구성이 다양하다. 잇탈리의 모토는 "우리는 음식을 만들어서 팔고 우리가 파는 재료로 음식을 만든다We sell what we cook and we cook what we sell"이다. 모토에서 알 수 있듯 이탈리아식 요리와 쇼핑을 한 번에 즐길 수 있다.

잇탈리의 물건 중 야채나 과일, 생선같이 직수입이 어려운 일부 품목을 제외하고는 거의 대부분의 식재료가 이탈리아에서 공수해온 것들이다. 이와 더불어 식기, 조리기기 같은 주방용품 코너는 물론이고 이탈리아 음식을 배울 수 있는 학원과 서점까지 마련되어 있다. 잇탈리를 방문한 것은 이탈리아를 방문한 것과 다름없는 셈이다.

식당도 예외는 아니다. 다양한 이탈리아 요리들을 팔지만 내가 방문한 식당은 이곳에서 가장 유명하다는 라피자앤라파스타La Pizza & La Pasta이다. 사람이 어마어마하게 많다는 소문을 듣고 평일 오전에 식당을 방문했는데 다행히 바로 자리를 잡을 수 있었다. 하지만 음식이 나올 즈음에는 이미 식당 안은 사람들로 꽉 찼고 대기하는 사람들도 순식간에 긴 줄을 이루고 있었다. 만약 내가 그 줄에 섞여 있었다면! 포기했을지도 모를 일이다.

나폴리 스타일 피자
참나무 장작을 이용해 온도를 485도까지 올린 뜨거운 화덕에서 60초 만에 빠르게 구워내는 피자다. 얇은 도우가 특징이고 겉은 바삭하고 속은 쫄깃하다.

알 덴테al dente
딱딱한 느낌이 들 정도로 익힌 것.

라피자앤라파스타의 피자는 나폴리 스타일로 이탈리아 피자체인점인 로쏘포모도로Rossopomodoro에서 운영한다. 2개의 화덕에서 장작불로 구워내는 여기 피자의 맛은 신선한 재료를 아낌없이 사용했다는 느낌이었다. 피자 맛은 합격점! 파스타는 익힘 정도가 중요한데, 이 식당에선 알 덴테로 맞춘다고 한다. 씹는 맛을 좋아하는 내겐 이 집의 파스타도 역시 합격점이었다.

혹시라도 피자와 스파게티가 식상하다면 다른 메뉴를 찾으면 된다. 일만조Il Manzo에서는 이탈리아식 소고기 요리를 맛볼 수 있다. 이곳은 유일하게 예약을 받는 식당으로, 미국 최고의 요리학교인 뉴욕 컬리너리인스티튜트오브아메리카Culinary Institute of America를 졸업하고 잇탈리에서 밑바닥(보조요리사)에서 출발해 지금은 만조의 요리사로 승진한 애덤 힐Adam Hill의 음식을 즐길 수 있다.

채식에 관심이 있다면 르베르두Le Verdure를 추천한다. 뉴욕에 채식주의자들이 많다지만, 내가 방문했을 땐 이곳은 다른 식당에 비해 한산한 편이었다. 채식으로 부족하다면 생선요리를 하는 일페세Il Pesce를 찾으면 된다. 일페세는 그날 잡은 신선한 생선만을 사용하여 정통 이탈리아식 생선회, 해산물 파스타, 생선구이 같은 생선요리를 제공한다.

점심시간에 줄을 서기 싫다면 잇탈리프론토Eataly Pronto를 이용하면 된다. 이곳에는 미리 만들어 포장해놓은 제노아살라미샌드위치 등을 즐길 수 있다.

국가 이미지와 스타 셰프로 대박을 요리하다

잇탈리의 창업자인 오스카 파리네티Oscar Farinetti는 알바라는 이탈리아의 소도시에서 파스타가게를 운영하는 부모 밑에서 자랐다. 하지만 그가 처음으로 사업에 성공한 분야는 전자제품 유통이었다. 2003년에는 이탈리아 전역에 150개의 매장을 보유하고 있을 만큼 이탈리아 최대 전자제품 유통체인점을 경영하기도 했다. 그렇지만 그는 잘나가던 회사를 정리하고 2007년 새로운 분야로 진출한다. 바로 이탈리아 북부에 처음 세워진 잇탈리다.

참고로 잇탈리 플랫아이언점의 옥상에는 비레리아Birreria라는 루프탑 레스토랑이 있다. 이 레스토랑은 계절별로 분위기를 다르게 연출한

다. 날씨가 좋을 때는 천장을 열어 맨해튼의 야경을 배경 삼아 한잔을 즐길 수 있다. 또 가을, 겨울에는 계절에 어울리는 분위기를 즐길 수 있다. 일례로 2018년 겨울에는 이탈리안 알프스에서 발견되는 희귀 꽃인 스텔라 알피나Stella Alpina에서 영감을 받아 세라알피나바이비레리아 SERRA ALPINA by Birreria라는 온실 스타일의 팝업 레스토랑으로 꾸몄다(SERRA는 이탈리아어로 온실이라는 뜻).

그 이후 잇탈리는 이탈리아에 13개, 일본에 2개, 미국 6개(뉴욕 2개, 시카고 1개, 보스톤 1개, LA 1개, 라스베이거스 1개), 브라질 · 터키 · UAE 2개, 사우디아라비아, 카타르, 러시아, 독일(뮌헨), 스웨덴, 그리고 한국 등 전 세계 40곳에 매장을 열었다. 앞으로도 토론토, 런던, 홍콩, 모스크바, 파리, 중국 등 세계 주요 도시에 매장을 오픈할 계획이다. 그야말로 음식 하나로 신로마제국을 건설하고 있는 것이다.

한편 뉴욕에서 잇탈리가 성공한 배경에는 창업자 오스카 파리네티의 셰프 섭외가 한몫을 했다. 마리오 바탈리Mario Batali, 조셉 바스티아니치Joseph Bastianich, 리디아 바스티아니치Lidia Bastianich 같은 스타 셰프가 아니었다면 평범한 대형 마트에 푸드코트가 들어가 있는 꼴이 되었을 것이다. 잇탈리의 품격을 높인 것은 바로 이 스타 셰프라고 할 수 있다.

그런데 탄탄대로를 달리고 있던 뉴욕 잇탈리에 예기치 못한 악재가 터졌다. 2017년 12월에 뉴욕 잇탈리의 창업공신 중 하나인 마리오

바탈리의 부적절한 성적 행동 문제가 터진 것이다. 잇탈리의 이미지에 큰 손상이 우려되는 상황이 닥친 것이다. 잇탈리 경영진은 고심할 것도 없이 바로 바탈리를 경영에서 물러나게 하고, 모든 잇탈리 매장에서 바탈리와 관련된 요리책과 제품을 빼버렸다. 대신에 리디아 바스티아니치로 교체했다. 이러한 조치로 잇탈리는 별다른 타격을 입지 않게 되었고, 뉴욕 2곳(플랫아이언점, 다운타운점)에 있는 매장은 여전히 사람들로 북적이고 있다.

호기심으로 유혹하고
맛과 서비스로
승부하라!

✔ **잇탈리는 국가 이미지, 새로운 콘셉트,** 스타 셰프가 조화를 이룬 새로운 형태의 비즈니스 모델이라고 할 수 있다. 이 비즈니스 모델이 가능한 나라가 얼마나 될까? 이런 종류의 사업장을 할 수 있으려면 몇 가지 조건을 갖추어야 한다.

첫째, 민족음식이 전 세계적으로 잘 알려져 있고 요리법이 다양해야 한다.
둘째, 식자재, 음료, 주류 및 가공식품이 다양해야 한다.
셋째, 음식과 관련된 생활, 주방용품 산업이 존재해야 한다.
넷째, 세계적인 스타 셰프가 있어야 한다.
다섯째, 거대한 매장 운영에 필요한 과감한 투자가 있어야 한다.

잇탈리의 비즈니스 모델을 차용한 곳도 생겼다. 2015년 3월 말 맨해튼 세계무역센터 근처에 '르디스트릭트Le District'라는 잇탈리의 프렌치 버전(French Eataly)이 생겼다. 총 3만 평방피트 면적의 레스토랑 디스트릭트(Beaubourg, L'Apart), 카페 디스트릭트(커피, 아이스크림, 와플 등), 가든 디스트릭트(식료품, 샐러드, 샌드위치 등), 마켓 디스트릭트(빵, 생선, 치즈, 와인, 가공육, 신선육) 등으로 구성돼 있다. 잇탈리 플랫아이언점이 5만 평방피트인 것과 비교하면 면적과 상품 구성 다양성에서 부족하지만 프랑스라는 이미지 덕택에 연일 성황을 이루고 있다.

그렇다면 한국은 어떨까? 한국 음식을 전문 식당별로 운영할 수 있을까? 예를 들면 한국형 간편식, 비빔밥 전문, 불고기 전문, 순두부 등 찌개 전문, 한정식 전문 등으로 운영하면 가능할까? 여기에 한국 스타 셰프를 영입하여 홍보하면 어떨까? 김치를 다양한 종류로 담가 시식코너에서 판매하고, 요리강습은 김치 담그는 법 및 비빔밥 만드는 법 등을 제공하며, 한국의 요리 관련 서적 등을 한 곳에 모아 판매하는 방식으로 고급화하면 전혀 가능성이 없지는 않다. 어떻게 꾸미고 연출 및 홍보를 하느냐에 따라 성패가 갈릴 것이다.

한류를 이용하는 것도 고려해볼 만한 방법이다. 뉴욕에서 한국의 케이팝K-pop은 원더걸스, 싸이를 거쳐 BTS에서 절정을 이루고 있다. 물론 앞으로 더 인기를 끌 가수나 그룹이 나올 수도 있지만, 뉴욕지하철공사는 2018년 10월 6일 BTS의 뉴욕 퀸즈 시티필드Citi Field 공연에 맞추어 아예 지하철 노선을 변경해주기까지 했다. 한국의 케이팝이나 드라마에 빠진 사람들은 가수나 배우가 입은 옷부터 음식, 사용하는 제품, 한국어, 한국문화에 이르기까지 관심의 범위를 넓힐 수 있고 그만큼 한국제품에 대한 선호도는 증가한다.

한국식품을 파는 슈퍼마켓, 간편식 코너, 스타 셰프의 한식당, 한국 특색 요리 강습 같은 방법을 동원하면 Eat+Korea의 국내외 사업이 가능하다고 본다. 사업의 그림을 그리고 적극적인 시도를 하는 한국의 오스카 파리네티를 기다린다.

2장
뉴욕
자영업자의
쪽박과 대박

누가
뉴욕 피자의
원조인가?

뉴욕이라는 이름과 제일 잘 어울리는 음식은 뭘까. 아마 '피자'가 아닐까 싶다. 미국 전역에 대략 7만 5천 개의 피자가게가 있고, 뉴욕에만 1,600개 이상의 피자가게가 있다고 하니 이 정도면 가히 '피자시티'이다. 미국 전역의 피자 비즈니스 규모는 385억 달러로, 이 중에서 피자헛, 도미노피자, 리틀시저, 파파존스 같은 피자체인점이 60퍼센트 이상을 차지한다.

미국인의 피자 사랑은 남다르다. 우리에게 익숙한 피자헛, 도미노피자, 파파존스 등 글로벌 프랜차이즈 브랜드 모두 미국에서 나왔다. 비즈니스 차원에서 경쟁사와의 차별화 전략은 사업성 여부를 판단하는 데 가장 중요한 요소로 작용한다. 그런데 피자 하나로 여러 프랜차이즈 브랜드가 생긴다는 것은 그만큼 미국의 피자시장이 넓다는 것을 의미한다. 이렇게 글로벌 거대 기업 사이에서도 고유의 맛을 지키며 여전히 뉴요커에게 사랑받는 피자가게들이 있으니, 바로 '원조'를 내세우는 가게들이다.

뉴욕 피자의 역사는 이탈리아계 이민자로부터 출발한다. 나폴리 출신의 제나로 롬바르디Gennaro Lombardi는 1905년 미국에서 최초로 피자 판매허가증을 발급받아 피자를 팔기 시작했다. 이후 롬바르디스

Lombardi's에서 일하던 직원들이 독립하여 각자의 피자가게를 열었다.

함께 일하던 앤서니 토토노 페로Antonio "Totonno" Pero가 코니 아일랜드로 가서 토토노Totonno's를 열었고, 1929년에는 존 사소John Sasso가 맨해튼 웨스트 빌리지에 존스오브블리커스트리트John's of Bleecker Street를 열었다. 또 1933년 파스콸레팻치란세리Pasquale "Patsy" Lancieri가 맨해튼 이스트 할렘에서 패치스Patsy's를 개업했다. 즉 롬바르디스에서 출발한 뉴욕 피자가 토토노, 존스오브블리커스트리트, 패치스로 분화한 것이다.

여기서 몇 번의 우여곡절을 겪은 곳은 패치스다. 패치스를 운영하던 삼촌에게서 피자 만드는 법을 배운 조카 패치 그리말디Patsy Grimaldi는 1990년 브루클린에 자신의 이름을 딴 피자가게 패치스피쩨리아

Patsy's Pizzeria를 열었다. 그의 가게는 곧 승승장구하며 유명해졌지만 기쁨은 그리 오래가지 못했다. 패치 그리말디의 숙모가 패치스피쩨리아를 한 회사에 팔아치우면서 이름과 상표권도 같이 넘겨버렸기 때문이다.

> **상표권**
> 산업재산권의 하나로, 상인이나 물건의 생산자가 상표를 특허청에 등록함으로써 등록한 상표를 독점적으로 사용할 수 있는 권리이다.

상표권을 넘겨받은 회사는 '패치스피쩨리아' 상호를 사용하여 피자 프랜차이즈 사업을 시작했다. 그뿐만 아니라 패치 그리말디를 상표권 위반으로 제소했다. 이제 패치스피쩨리아라는 이름은 자신들의 소유라는 것이었다. 뭐 이런 일이 다 있나 싶지만 비즈니스의 세계는 냉정한 법이다. 굴러온 돌이 박힌 돌을 뻥 차는 격이랄까.

패치 그리말디는 하는 수 없이 가게 이름을 그리말디스Grimaldi's로 변경하고 다시 장사를 시작했다. 66세의 나이에도 열정적으로 피자를 만들던 그는, 1998년에 사업을 정리하기로 마음먹고 단골손님이었던 프랭크 치올리Frank Ciolli에게 가게와 상표권을 팔았다. 프랭크 치올리는 가게를 넘겨받은 초기에 세금 및 공과금 문제로 건물 주인과 어려움을 겪

프랭크 치올리의 그리말디스
뉴욕의 3대 피자집 중 하나로 손꼽힌다. 맨해튼 6번 애비뉴에 지점을 내면서 미국 전역으로 확장을 거듭하고 있다.

었다. 하지만 가게를 옮긴 이후로는 뉴욕 최고의 피자라는 칭호를 받으며 엄청난 인기를 누리기 시작했다.

가게를 넘긴 패치 그리말디의 속은 어땠을까. 사촌이 땅을 사면 배가 아프다는 옛말도 있지 않은가. 아마 까맣게 타버린 속 때문에 자다가도 벌떡 일어나 하이킥을 날렸을지 모를 일이다. 질투심 때문인지 사실은 내가 원조라는 오기 때문인지, 패치 그리말디는 83세의 나이로 2012년 10월에 줄리아나스Juliana's라는 피자가게를 개업한다. '패치 그

리말디'가 자신의 이름이지만, 상표권이 없으니 '패치'도 '그리말디'도 사용할 수 없는 답답한 상황이었다. 그래서 어머니의 이름을 빌려 줄리아나스를 열었지만 그마저도 쉽지 않았다. 프랭크 치올리가 줄리아나스를 상대로 소송을 제기했기 때문이다. 패치 그리말디가 자신의 가게 바로 옆에서 영업하는 것은 계약위반이라는 것이었다.

평생 동안 피자만을 바라보며 살았던 패치 그리말디에겐 서글픈 일이 아닐 수 없다. 그래도 역시 원조의 맛은 빛을 발하는 법. 트립어드바이저는 2015년 7월에 줄리아나스를 미국 피자 맛집 1위로 선정했다. 줄리아나스의 피자맛을 본 여행자들이 1위를 주었기 때문이다. 옆에 있는 그리말디스는 10위권에도 들지 못했다. 물론 패치 그리말디가 피자

맛과 더불어 '이것'을 놓치지 않았다면 이 모든 일은 아마 일어나지 않았을 수 있었다. 바로, 상표권이다.

원조 피자가게가 무너지는 이유

패치 그리말디에게 타임머신이 있다면 아마 1991년으로 돌아가지 않을까? 바로 그의 숙모가 패치스피쩨리아의 상표권을 팔아넘긴 해이기 때문이다. 그 일만 없었다면 아마도 지금 자기 이름으로 된 가게에서 장사를 하고 있을 것이다. 그렇다면 뉴욕의 또 다른 원조 피자가게는 어떤 상황일까?

롬바르디스, 토토노, 존스오브블리커스트리트 등과 같은 가게들은 가족경영과 석탄화덕을 이용한 원조의 맛을 고수하느라 비즈니스 측면에서 별다른 성과를 내지 못한 것 같다. 자신들이 처음 내걸었던 가게의 이름을 유지하며 영업을 하고 있는 것이 다행이라면 다행이라고 할 수 있을 것이다.

뉴욕의 전통피자
도우를 손으로 펴서 최대한 얇게 만든 다음 그 위에 치즈와 토마토소스, 토핑을 얹어 석탄화덕에 굽는 것으로 기름기가 적고 담백한 맛이 특징이다.

그나마 사업 확장에 성공한 사람들은 상표권을 인수한 이들이다. 뉴욕 피자의 원조라는 후광을 가진 피자가게의 상표권을 사들여 프랜차이즈 사업을 시작한 이들은 지점을 확대해나가며 사업을 키워가고 있다. 비즈니스에서 브랜드, 즉 상표권이 거의 전부라고 할 수 있을 만큼 중요해진 것이다.

물론 이 과정에서 원조의 맛을 잃고 있다는 평도 듣는다. 하지만
소위 뉴욕의 원조 피자 맛
을 기억하고 있는 사람들
이 얼마나 될까? 그 맛을
아는 사람들은 이제 거의
없다. 석탄화덕을 이용한
전통적인 뉴욕의 피자 맛
이 현대의 가스화덕을 이용한 피자보다 소비자들을 더 감동시킬 수 있
는지도 의문이다. 내 경우만 하더라도 기존의 피자 맛에 익숙해진 탓에
석탄화덕을 이용한 피자 맛에 크게 감동하지 못했다. 더군다나 피자의
주된 수요층은 젊은이들이 아닌가.

원조의 맛을 유지하면서 사업 확장에도 성공한다면 더할 나위 없겠
지만, 여러 사례에서 볼 수 있듯이 결코 쉬운 일은 아니다.

원조의 허와 실, 아직도 원조를 *믿으십니까?*

✔ **음식점 이름에 '원조'가 들어 있다고** 해서 그 집이 정말 원조일 거라고 생각하는 사람은 이제 거의 없다. 진짜 원조인 집들은 당연하게도 '원조'라는 단어를 쓰지 않거나 아예 간판마저 없는 곳도 많다! 어쨌거나 기대에 부풀어 어렵게 찾아간 원조 가게에서 실망한 적은 없었는가? 불친절한 서비스, 비위생적으로 보이는 주방, 무엇보다 생각보다 별로인 맛. 그건 뉴욕도 마찬가지다.

뉴욕에 피자를 소개하면서 그야말로 원조 중의 원조로 시작한 롬바르디스의 현재는 어떨까? 이곳은 여전히 석탄화덕을 이용해 피자를 굽는다. 맨해튼에서 이러한 방식을 고수하는 가게는 이제 얼마 남지 않았다. 롬바르디스의 피자 크러스트는 겉은 바삭거리고 안은 공기가 많고 매우 얇은, 전형적인 뉴욕 스타일 피자다. 이렇듯 롬바르디스는 뉴욕을 대표하는 피자가게로 원조의 아우라를 가진 곳이지만 평가는 엇갈린다. 롬바르디스에 대해 일부에서 이젠 관광객들만 찾는 곳이라는 혹평을 하고 있기 때문이다.

그래서일까? 롬바르디스는 2015년 트립어드바이저가 선정한 미국 10대 피자 맛집에 순위를 올리지 못했다.

롬바르디스에서 갈라진 토토노의 경우는 어떨까? 코니 아일랜드의 낡고 조그만 1층 건물에 위치한 가게는 작고 허름하다. 외관에서부터 원조의 포스를 풍기고 있는 것이다. 하지만 변하지 않은 것이 장점이라고 할 수 있을까? 역시 석탄화덕을 이용해 피자를 굽는 토토노에서 피자를 먹으려면 무조건 한 판을 주문해야 한다. 조각으로는 절대 팔지 않기 때문이다. 배달도 말도 안 되는 일이다. 팩스, 이메일,

홈페이지도 없는 토토노는 오직 전화번호 하나만 있다.

맨해튼 웨스트 빌리지에 있는 존스오브블리커스트리트(1929년)도 원조 피자가게 중 하나다. 이곳은 주로 뉴요커들이 많이 찾고 있지만 토토노처럼 조각으로는 피자를 팔지 않는다. 신용카드도 사용 불가, 예약도 불가능하다. 그래서 항상 기다려야 한다. 맛은 2015년 트립어드바이저 선정 미국 10대 피자 맛집 중 10위를 차지할 정도로 그런대로 만족스러운 편이지만 여간 불편한 것이 아니다.

결론부터 말하자면 '원조'가 모든 것을 해결주는 것은 아니다. 장인정신에 입각해 원조의 맛을 유지하는 것도 고객들을 불러들이는 중요한 요소겠지만, 비즈니스 측면에선 그것만으론 부족하다. 한국의 음식점 중에서도 '원조'를 강조하는 곳들이 많다. 하지만 원조라는 것을 이용해서 사업에 성공한 사례는 극히 드물다. 원조라는 장점을 챙기면서도 더 많은 사람들에게 사랑받으려면, 새로운 고객을 유치할 수 있는 그만의 개성과 아이템이 있어야 할 것이다.

유명세로
대박 난 가게의
성공비법

2013년 11월의 어느 날, 당신이 만약 뉴욕의 '카츠 델리카트슨Kat's Delicatessen'(이하 카츠델리)을 방문했다면 운 좋게 이런 광경을 만났을지도 모르겠다. 20명의 여자들이 단체로 펼치는 가짜 오르가슴 연기 말이다. 이게 다 무슨 말인지 싶겠지만 영화 〈해리가 샐리를 만났을 때〉를 본 사람이라면 피식하고 웃을지도 모르겠다.

뉴욕에서 가장 오래되고 유명한 샌드위치 가게인 카츠델리(1888년)의 성공에는 1989년 영화 〈해리가 샐리를 만났을 때〉의 공이 컸다. 여자 주인공인 멕 라이언이 샌드위치를 먹다가 가짜 오르가슴 흉내를 내는 장면이 바로 이곳에서 촬영되었기 때문이다. 지금도 가게 중앙에 위치한 테이블 위 천장에는 "해리가 샐리를 만났던 곳... 당신도 그녀가 먹었던 걸 먹길 바라요Where Harry met Sally...hope you have what she had!"라고 적혀 있다.

영화 속 멕 라이언이 먹었던 샌드위치가 여전히 유명한 카츠델리는 소금에 절인 비프, 파스트라미, 브리스켓 등으로 만든 샌드위치가 대표 메뉴이다. 가장 잘 팔리는 파스트라미 샌드위치의 경우 하루에 1천 개 이상, 핫도그는 4천 개 이상 팔려나간다고 한다.

파스트라미pastrami
양념한 소고기를 훈제하여 차게 식힌 것으로 주로 샌드위치에 넣어 먹는다.

브리스켓brisket
소의 가슴살. 양지머리

카츠델리는 영화에 등장하기 전부터 유명 인사들의 방문으로 이미 많이 알려진 곳이었다. 프랭클린 루스벨트, 존 F. 케네디, 지미 카터, 로널드 레이건, 조지 부시, 빌 클린턴까지 6명의 미국 대통령이 다녀갔고, 앨 고어 부통령은 빅토르 체르노미르딘 러시아 총리와 이곳에서 점심을 먹기도 했다. 바브라 스트라이샌드, 브루스 윌리스 등의 연예인들도 이곳을 다녀갔다.

이런 유명세 때문에라도 뉴욕의 카츠델리는 꼭 한 번 방문해야 하는 집으로 알려져 있다. 그러나 고객이 카츠델리를 찾는 이유는 단순히 그 집의 음식을 맛보기 위해서가 아니다. 샐리가 앉았던 자리에 앉아, 샐리가 먹었던 샌드위치를 먹으면서, 마치 영화 속에 들어간 것 같은 특별한 기분을 느낄 수 있기 때문이다.

그런데 카츠델리의 3대 주인인 30세의 제이크 델Jake Dell은 보다 많은 고객 확보를 위해 2017년 6월 브루클린 데칼브마켓홀DeKalb Market Hall에 지점(A Taste of Katz's)을 오픈했다. 본점에서 줄서는 것이 싫다면 이곳을 이용하면 된다. 물론 본점과 같은 분위기를 느낄 수는 없지만 맛은 변함없다는 평이다. 지점 전략이 성공할지는 좀 더 두고 볼 일이다.

고풍스러운 실내와 최초의 카푸치노

노천카페에 앉아 카푸치노 한 잔을 앞에 두고 책을 읽던 당신, 그런데 갑자기 당신 이름을 부르는 소리가 들린다. 평소 호감을 가지고 있던 그 혹은 그녀의 목소리다. 그윽한 커피 향을 배경 삼아 그와 다정하게 대화를 나누다가 마침내 이런 말을 듣게 된다. "우리 나갈까요?" 다름 아닌 영화 〈인 굿 컴퍼니〉의 한 장면이다. 뉴욕에서 이런 장면을 꿈꾸는 사람이라면 카페레지오Caffe Reggio를 가보는 게 좋겠다. 카페레지오는 〈대부Ⅱ〉를 포함하여 수많은 영화에 등장한 뉴욕의 명소이다.

> 〈인 굿 컴퍼니
> In Good Company〉
> 20대 후반이라는 젊은 나이에 회사의 사장이 된 카터(토퍼 그레이스), 중역에서 밀려나 어린 상사를 모시게 된 50대의 댄(데니스 퀘이드), 그리고 댄의 딸이자 카터의 애인인 알렉스(스칼렛 요한슨)가 만들어내는 사랑과 가족에 관한 이야기로, 뉴욕 비즈니스 문화도 살펴볼 수 있다.

카페레지오는 1927년에 문을 연 미국 최초의 이탈리안 커피숍으로, 뉴욕에 카푸치노를 최초로 선보이면서 관심을 끌었다. 카페레지오는 고풍스러운 실내장식으로도 유명하다. 벽면을 가득 채운 각종 그림

2장 뉴욕 자영업자의 쪽박과 대박

과 조각품들을 보고 있으면 카페가 아니라 작은 미술관에 들어온 것 같은 기분마저 들게 한다. 이곳에 자주 들렀다던 밥 딜런이나 엘비스 프레슬리도 이런 분위기에 매료됐을지 모를 일이다.

사실 커피 자체로만 보았을 때 카페레지오의 커피 맛이 다른 커피 전문점에 비해 월등히 뛰어나다고는 할 수 없다. 그러나 역사적 전통과 특유의 분위기, 영화 속 공간이라는 점이 더해지면 얘기는 달라진다. 더구나 카푸치노라는 아이템을 뉴욕에 최초로 선보이지 않았던가. 그래서 카페레지오는 세계 각지에서 찾아온 사람들로 항상 북적인다.

젊은 연인들의 로망을 만들다

뉴욕에서 영화의 배경이 된 장소는 수도 없이 많지만 나에게 좀 특별한 곳이 있다. 바로 영화 〈세렌디피티〉에 등장한 세렌디피티3Serendipity3(1954년)라는 식당이

〈세렌디피티Serendipity〉
존 쿠삭과 케이트 베킨세일이 주연한 로맨틱 영화로 뉴욕을 배경으로 하고 있다. 두 주인공이 마주 앉아 프로즌 핫 초콜릿을 빨대로 먹는 장면이 유명세를 탔다. 참고로 세렌디피티는 '우연히 찾아온 행운'이라는 뜻이다.

다. 퇴근길에 마주치는 이곳에는 언제나 사람들로 북적인다. 식당을 배경으로 사진을 찍는 관광객과 특히 젊은이들이 가득하다.

세렌디피티3는 처음엔 독특한 식당 인테리어 때문에 알려지기 시작했다. 1950년대 당시 뉴욕 대다수 식당들은 테이블 위에 양초를 놓는 고풍스러운 이탈리아풍이었다. 하지만 세렌디피티3는 뉴욕 거리에서 찾은 각종 희한한 물건들, 스테인드글라스, 대형 시계, 도로표지판

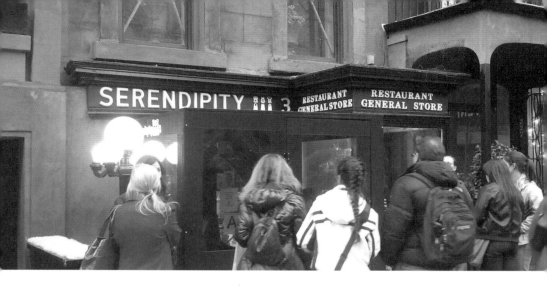

등 다른 식당에서는 전혀 찾아볼 수 없는 소품으로 독특한 분위기를 연출했다. 이러한 인테리어가 입소문으로 이어지면서 앤디 워홀이 방문해 벽에 그림을 그려주기도 했다.

세렌디피티3가 본격적으로 알려진 것은 프로즌 핫 초콜릿을 선보이면서였는데, 이후 재클린 케네디 오나시스, 마릴린 먼로 등이 방문하면서 유명세를 탔다. 하지만 가보지 않으면 뭐가 그렇게 좋은지 모르는 법이다. 눈으로 직접 확인하기 위해 나는 마음먹고 세렌디피티3를 방문했다. 결론부터 말하자면, 돈 주고 실망한 기분이었다. 이곳을 유명하게 만든 프로즌 핫 초콜릿을 제외하면 다른 음식은 큰 기대를 하지 않는 것이 좋다. 주문한 치즈버거는 뉴욕 어디에서나 먹을 수 있는 햄버거 맛과 다를 바가 없었지만 가격은 훨씬 비쌌다. 비싸고 평범한 햄버거를 먹기 위해서 기다리는 시간은 또 어떤지!

세렌디피티3의 대표 메뉴인 프로즌 핫 초콜릿은 이제 어느 커피숍에서나 먹을 수 있다. 최근에는 인기를 등에 업고 'Serendipity3 Frozen

Hot Chocolate'라는 브랜드로 아이스크림을 만들어 판매하고 있다. 아이스크림계의 강자 하겐다즈가 긴장해야 할지도 모르겠다. 이 가게 역시 여전히 사람들로 북적인다. 가게 안으로 들어가기까지 한참, 테이블에서 메뉴를 맛보기까지 또 한참을 기다려야 하지만, 영화 속 한 장면을 느껴보고 싶은 사람에겐 기다림도 특별한 경험으로 탈바꿈하는지 모른다. 그런데 한 번 방문한 사람이 또 가고 싶을 만큼 매력이 있는지는 의문이다. 세렌디피티3의 매력에 단단히 콩깍지가 씐 사람이 아니고서야 말이다.

어쨌든 세렌디피티3가 북적이는 것을 보면, 꼭 음식의 맛이 성공을 좌우하는 것은 아니라는 생각이 든다. 유명세 자체가 소비자의 구매 포인트가 될 수 있기 때문이다. 하지만 유명세는 그야말로 컨택포인트다. 유명한 가게일수록 고객의 기대감은 더 크다. 만약 일부러 찾아간 가게가 실망스럽다면, 고객은 더 크게 낙담할 수밖에 없다. 지속적으로 찾게 만들기 위해서는 유명세만으로는 부족하다. 내 입맛이 보편적이지 않아 세렌디피티3의 음식과 가격에 불만이 있는지도 모른다. 하지만 중요한 것은 소비자가 만족하는 지점이 다양하다는 것이다. 이런 면에서 세렌디피티3는 적어도 '나'라는 고객 한 명과 내가 확산할 수 있는 고객들을 잃었다.

해리와 샐리에게
데이트 장소를
제공하라!

✔ **사람들이 몰려드는 식당에는** 두 종류가 있다. 하나는 맛이 뛰어난 집이고, 다른 하나는 뭔가 기념이 되는 장소다. 예를 들어 헤밍웨이가 자주 들렀다든지 하는 뭐 그런 거다. 맛집인 데다가 히트한 영화 속 주인공들이 나온 장소라면 당연히 사람이 몰려들 수밖에 없다.

카페레지오는 뉴욕 최초의 이탈리안 커피숍이라는 전통을 바탕으로 카푸치노와 에스프레소를 잘하기로 정평이 나 있다. 게다가 실내장식도 초기 모습 그대로를 유지하고 있어 고풍스러운 분위기를 느끼기에 안성맞춤이다. 물론 〈대부 II〉 같은 영화 속 배경이 된 것도 유명세에 한몫을 하고 있다.

카츠델리는 뉴욕 최초의 델리, 그리고 파스트라미 샌드위치로 유명하다. 파스트라미 제조과정에 관한 내용, 아들 3명을 모두 제2차 세계대전에 참전시켰다는 일화, 미국 대통령 등 유명 인사들이 다녀갔다는 이야기 등은 모두 고객을 유인하는 요인이다. 그러나 결정적인 것은 아무래도 영화 〈해리가 샐리를 만났을 때〉에서 멕 라이언이 샌드위치를 먹던 장면이다. 사람들은 그 장면을 보고 샌드위치를 먹기 위해 이곳을 찾는다.

세렌디피티3도 마찬가지다. 물론 이 집은 영화 개봉 이전부터 프로즌 핫 초콜릿으로 유명했지만, 영화 속의 배경이 되고 나서만큼은 아니었다. 게다가 가끔 깜짝 마케팅도 한다. 예를 들어 69달러짜리 핫도그, 295달러짜리 햄버거, 그리고 1천 달러짜리 디저트 등으로 이슈를 만드는 것이다.

영화사에서 먼저 접근해 왔는지 그게 아니면 영화사를 먼저 접촉했는지는 몰라도, 〈대부 II〉〈해리가 샐리를 만났을 때〉〈세렌디피티〉 등의 영화가 전 세계적으로 히트하는 운도 따라주었다. 영화 속의 낭만적인 장면을 확인 혹은 재현하기 위해 세계 각국에서 사람들이 몰려드니 말이다.

이처럼 PPL(간접광고)은 마케팅의 중요한 수단 중 하나이다. 물론 우리나라 광고 시장에서도 PPL은 넘쳐난다. 그런데 뉴욕처럼 명소가 된 식당이나 카페가 드물다. 뉴욕과 비교하면 그 이유는 두 가지 조건을 동시에 만족시키지 못하기 때문이다. 하나는 맛과 전통이고, 다른 하나는 낭만이다. 드라마, 영화에 나왔다고 해서 사람들이 무조건 찾는 것은 아니다. 그것은 고객을 유혹하는 수단에 불과하다. 거기에 뭔가 다른 특별함이 더해져야만 한다!

상상 그 이상의
아이디어로
승부한다

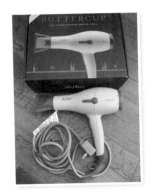

나는 맨해튼 남쪽에 위치한 트라이베카 지역에 갔다가 우연히 드라이바Dry bar라는 간판을 보았다. 드라이바? 대체 뭐 하는 집인가 싶어 안을 들여다보았다. 미용실이었다. 나중에 사무실 여직원에게 미용실이 새로 생긴 것 같다는 얘기를 했다. 그러자 여직원은 드라이바가 미용실은 미용실인데 반미용실이라고 했다. 반미용실은 또 뭔가. 여자들과 관련된 것은 역시 알쏭달쏭하다.

알고 보니 드라이바는 기존의 미용실과는 달리 오직 헤어스타일링만을 전문으로 하는 곳이었다. 뉴욕의 경우 일반 스타일링은 45달러, 업두updo 헤어스타일은 90달러를 받는다. 일반 미용실보다는 저렴하다. 또한 프랜차이즈 형식으로 운영되기 때문에 실내장식과 서비스는 표준화되어 있다.

사실 나는 이게 장사가 될 것인지 의문이었다. 하지만 2008년 창업 이래 10년 만에 뉴욕의 21개 매장을 포함해 미국과 캐나다에 100여 개의 매장에 3천여 명을 고용하고 있다. 2016년 매출액은 1억 달러를 넘어섰다.

드라이바가 인기를 끌자 창업자인 알리

웹Alli Webb은 브랜드 확장을 통해 드라이바 브랜드 상품도 개발했다. 대표상품인 195달러짜리 버터컵블로우드라이어, 브러시, 헤어제품 및 엑세서리 등은 세포라SEPHORA, 노드스트롬Nordstrom 백화점 등 오프라인 매장 외에 드라이바 홈피, QVC 같은 홈쇼핑 채널에서도 팔린다.

그런데 새로운 비즈니스가 흥하면 망하는 비즈니스도 있는 법. 기존의 종합 미용실은 사면초가의 어려움을 겪고 있다. 드라이바처럼 가격도 싸고 전문화된 서비스 바Bar들이 속속 등장하고, 미용계의 우버 Uber of beauty라고 불리는 글램스쿼드Glamsquad가 출현했기 때문이다. 글램스쿼드는 미용사가 집으로 찾아가는 출장미용서비스로 미용사의 수준에 따라 다르지만 스타일링은 50달러부터, 메이크업은 75달러부터, 네일은 35달러부터 등으로 기존 미용실보다 가격이 저렴하다.

당신의 인생에 쓴맛만을 판매하겠다

2011년 맨해튼 이스트빌리지 6번 스트리트에 고약한 가게가 생겼다. 쓴맛을 보여주겠다며 호기롭게 영업을 시작한 이곳은 쓴맛 칵테일만을 제공하는 최초의 칵테일바다. '대체 사람들이 저런 곳에 왜 들어가지?' 하는 생각도 잠시, 나도 지인들과 '호기심'에 방문하게 되었다.

'아모르이아마르고Amor y Amargo'라는 가게 이름은 스페인어인데 우리말로 번역하면 '사랑과 쓴맛' 정도라고 할 수 있다. 가격은 한 잔에

14~18달러로 다소 비싼 편이지만 독창적인 맛에 부여되는 가격이라고 생각하면 된다. 칵테일은 고객들의 취향에 따라 맞춤 제조도 가능하다. 나는 쓴맛을 꽤 즐기는 편이라 괜찮았는데, 같이 간 친구들은 뭘 이런 걸 좋아하냐는 눈치였다. 하지만 하나같이 재밌다는 반응이었다. 바텐더는 그걸 눈치채고 곧 쓴맛의 묘미에 빠져들게 될 거라며 자신 있게 말했다.

그런데 이 가게가 쓴맛 칵테일 하나만으로 유명해진 것은 아니다. 겸업으로 칵테일 교실을 운영하고 있어서 인기가 더 많다. 주말 오전 11시부터 오후 4시까지 초보자들을 대상으로 며느리도 모르는 가게의 영업비밀을 가르친다. 더불어 칵테일 기기, 용품, 재료 및 관련 서적들

을 직접 판매하기도 한다. 창업자인 소더 티게Sother Teague는 창업 초기의 우려와는 달리 "쓴맛 비즈니스가 제법 달콤한 수익을 주고 있다."며 밝은 웃음을 짓고 있다. 인생의 쓴맛 대신 칵테일의 쓴맛에 도전해보고 싶은 사람이라면 꼭 한 번 들러볼 만한 곳이다.

여성들만의 공유사무실

뉴욕시에서 탄생한 위워크WeWork가 처음으로 시장을 개척한 공유사무실 비즈니스는 날로 인기를 더하면서 전 세계적인 호황을 구가하고 있다. 그런데 기존의 공유사무실이 뭔가 여성들이 이용하기에 불편한 점들이 많다고 느낀 오드리 젤먼Audrey Gelman과 로렌 카산Lauren Kassan은 철저히 여성들의 관점에서 공유사무실 비즈니스를 재해석하여 틈새시장을 찾아냈다.

바로 2016년 뉴욕시에서 데뷔한 더윙The Wing으로, 이곳은 여성전용 공유사무실 겸 사교클럽이다. 이곳은 사무공간뿐만 아니라 도서관, 카페, 낮잠 공간, 샤워시설, 영화실, 해피 아워, 각종 이벤트를 제공한다. 특히 비즈니스 우먼에게 필요한 미용실, 육아실을 만든 것이 더윙의 핵심이다. 회비는 한곳만 할 경우 월 215달러/연 2,350달러이며, 모든 지점을 사용할 경우에는 월 250달러/연 2,700달러이다.

다소 비싼 회비에도 불구하고 여성들로부터 폭발적 인기를 끌어 이미 6천여 명의 회원을 확보했고, 뉴욕시에는 맨해튼 플랫아이언(2016년), 소호(2017년), 브루클린(2018년), 3곳에 문을 열었다. 뉴욕 이외 지역으로도 진출하여 워싱턴DC(2018년), 샌프란시스코(2018년) 및 웨스트 할리우드, 시애틀, 시카고, 보스턴 등 미국의 주요 도시에도 오픈할 계획이다. 나아가 런던, 토론토 등 해외 진출도 계획하고 있다. 아울러 브랜드 확장을 통해 모자, 티셔츠, 머그컵, 펜, 열쇠고리, 노트북 등 각종 소품도 판매한다.

그런데 이슈가 발생했다. 제임스 피에트란젤로James Pietrangelo라 불리는 남성이 더윙의 여성전용정책이 남성차별이라며 1,200만 달러의 소송을 제기했고, 뉴욕시 인권위원회가 조사를 개시했다. 그래서일까 더윙은 정책을 변경하여 모든 사람에게 개방한다고 발표했다. 과연 여성전용이라는 핵심 키워드를 떼어버린 더윙이 지금까지의 성장가도를 이어갈 수 있을지 주목된다.

카멜레온처럼 매번 변하는 상점

"뉴 스토리가 오픈합니다… 스토리는 항상 변화하는 상점입니다. 2월 8일 우리는 새로운 개념으로 다시 오픈합니다. 이번에는 뭐가 있을지 궁금하세요?"

레이첼 세츠먼Rachel Shechtman이 창업한 스토리STORY는 패션매거진을 오프라인에서 구현한 신개념의 소매점이다. 맨해튼 10번 애비뉴 첼시 지역에 위치한 2천 평방피트의 소매공간을 갤러리처럼 꾸미고, 상점처럼 판매하는 곳이다. 즉 스토리는 매 4~8주마다 새로운 주제, 트렌드 혹은 이슈를 도입하여 실내 디자인과 상품 구색을 완전히 새로 바꾼다.

2011년 '스타트업 스토어'로 출발한 스토리는 상품을 도매로 사서 소매로 판매하는 전통적 의미의 상점이 아니다. 인텔, 아메리칸익스프레스, 렉서스, 타깃Target, 코티Coty, 시그나Cigna 등과 같은 스폰서의 지원하에 그때그때 주제(Color, Made In America, Well Being 등)를 정해 상점을 꾸민다.

2012년부터는 '피치나이트Pitch Night'라는 시그니처 이벤트를 개발하여 중소기업 브랜드와 상품들을 미디어와 소매업계의 핵심 인플루언서들에게 소개하고 있다. 예를 들면 2018년 5월 7일에는 블루밍데일즈Bloomingdales 백화점의 토니 스프링Tony Spring 사장과 〈오 매거진O Magazine〉의 크리에이티브 디렉터 아담 글래스먼Adam Glassman을 초청한 바 있다.

한편 스토리의 혁신적 아이디어와 가능성을 눈여겨 본 메이시즈Macy's 백화점은 2018년 5월에 스토리를 인수하고, 창업자 레이첼 세츠먼을 브랜드 관리책임자brand experience officer로 임명했다. 레이첼이 전통적 소매점인 메이시즈 백화점에서 어떤 활약을 보일지 귀추가 주목되고 있다.

틈새의
틈새를
찾아라!

   ✔ **신생 자영업자들의 비즈니스** 모델을 만날 때면 '어떻게 이런 생각을 했지?' 하고 무릎을 치게 되는 경우가 있다. 그야말로 번뜩이는 아이디어로 이런 것도 사업이 되나 싶은 것들을 실현하고 있기 때문이다. 그렇다면 도대체 이들의 성공비법이 무엇인지 알아볼 차례다.

   첫 번째는 바로 틈새의 틈새를 찾는 것이다. TV 프로그램의 경우를 보면 ABC, NBC, CBS 등 종합채널에서 스포츠 프로그램을 좋아하는 사람들을 위해 ESPN과 같은 스포츠 전문채널을 신설한다. 처음에는 그게 될까 했지만 지금까지 망하지 않고 있는 걸 보면 보는 시청자들이 있다는 이야기이다.

   최근에는 애완동물을 위한 채널까지 생겼다. 주인이 없는 집에서 하루 종일 있는 개나 고양이를 위한 채널이다. 이 채널은 전적으로 동물들이 흥미를 느낄 만한 화면으로 구성되어 있다. 채널시장에는 더 이상 틈새가 없을 것이라 생각했는데 거기에도 여전히 틈새가 존재한 것이다. 이런 것을 찾아내는 일이 바로 아이디어로 승부하는 사업의 특징이라 하겠다. 우리도 사람들의 습관, 생활양식과 행동을 잘 관찰해보면 이와 같은 틈새의 틈새를 얼마든지 찾을 수 있을 것이다.

   두 번째로는 발상의 전환이다. 백화점, 쇼핑몰, 푸드코트 등은 쇼핑이나 식사를 편하게 하기 위해 모든 것을 한 장소에 몰아넣은 곳이다. 하지만 넓은 장소가 필요하고 그만큼 돈도 많이 든다. 그런데 많은 돈을 들이지 않고 장소가 좁은 식당에서

I ♥ NY
BUSINESS
INSIGHT

다양한 음식을 팔고 싶을 땐 어떻게 해야 할까? 요리를 할 수는 없지만 식당을 차리고 싶다면 어떻게 해야 할까? 내 기술로 할 수 있는 장사가 시장에서 이미 포화상태라면 어떻게 할까? 장사를 하고 싶은데 임대료가 너무 비싸다면 어떻게 할까?

뉴욕의 자영업 시장에 뛰어든 사람들도 이와 비슷한 고민을 한다. 그리고 앞서 살펴본 것처럼 대안을 찾아내 성공가도를 달리고 있다. 그들은 자신의 약점을 장점으로 승화하거나, 장점 하나에 집중하여 새로운 아이템을 만들어냈다. 기존의 창업 시장에서 성공하려면 최소한 경쟁 업체를 뛰어넘는 물리적 조건이 필요하다고 생각하기 쉽다. 하지만 발상을 전환해서 새로운 아이템을 만들어낸다면 얘기는 달라진다.

의문을 품다가 그냥 지나치는 일은 누구나 할 수 있다. 하지만 궁금증을 해결하기 위해 끝까지 머리를 굴리는 사람만이 틈새의 틈새를 찾아내어 성공할 수 있다. 새로움, 혁신 등은 멀리 있는 것이 아니다. 평범하다고 여기는 것에 의문을 제기하고 해답을 궁리하면 길이 보일 것이다. 드라이바, 아모르이아마르고, 더윙, 그리고 스토리가 증명하지 않는가!

3장

럭셔리 마케팅,
횡재한 고객,
황홀한 매출

팔지 말고,
판타지를
제공하라

맨해튼의 쇼핑 중심가 5번 애비뉴.

뉴욕 거리에서 한 여자가 강도를 만났
다. 자신을 위협하는 강도에게 여자는 이렇게 절규한
다. "펜디 백이나 반지, 시계는 다 가져가도 좋으니 제
발 마놀로블라닉 구두만은 건드리지 말아주세요!" 드
라마 〈섹스 앤 더 시티〉의 주인공 캐리의 대사이다. 캐

마놀로블라닉
Manolo Blahnik
'높고, 섹시하면서도, 언제
나 우아한(High, sexy but
always elegant)가 주요 콘
셉트이며 가는 구두굽이 특
징인 명품 구두 브랜드.

리의 절규에 100배 공감하는 사람에게 뉴욕 5번 애비뉴는 반드시 방문
해야 할 성지와도 같겠지만, 마놀로블라닉이나 펜디를 사람 이름 정도
로 아는 이들에게도 놓쳐서는 안 될 관광명소이다.

　　뉴욕 맨해튼의 5번 애비뉴는 세계 명품 브랜드들의 전시장과 다름
없다. 티파니, 루이비통, 크리스찬 디올 같은 최고급 명품 브랜드들이
한 자리에 모여 있기 때문이다. 그래서 5번 애비뉴에 매장을 가지고 있
다는 사실만으로도 브랜드의 가치는 확연히 달라진다.
제대로 된 '명품' 이미지를 부여받을 수 있기 때문이다.

뉴욕 5번 애비뉴의 임대료
글로벌 부동산정보 업체
인 쿠시먼앤드웨이크필드
(Cushman & Wakefield)의
조사에 따르면 뉴욕의 임대
료는 제곱미터당 256만 원
(평당 약 768만 원)인 것으로
밝혀졌다.

그만큼 5번 애비뉴의 가치는 특별하다고 할 수 있다.
하지만 그곳에 입성하기 위해서는, 또 그 자리를 지키
기 위해서는 살인적인 임대료를 감당해야만 한다.

　　그렇다면 뉴요커들에게도 5번 애비뉴는 쇼핑의 명소일까? 내 궁

금증을 해결해준 사람은 아주 가까운 곳에 있었다. 나에겐 저녁 운동을 할 때마다 마주치는 부부가 있다. 거의 매일 마주치다 보니 금세 가까워졌고 대화도 많이 나누었는데, 한 번은 이런 일이 있었다. 부인이 나에게 자신의 나이를 맞혀보라며 장난스럽게 물어온 것이다. 여자들은 대체 왜 그런 걸 궁금해하는지! 나는 그녀가 만족하기를 기대하면서, 내 예상보다 최대한 나이를 줄여서 대답했다. "40대 후반이시죠?" 그때 보았던 그녀의 표정은 정말이지 잊을 수가 없다. 그녀에게도 잊을 수 없는 일로 남겠지만 말이다. 나중에 알게 된 일이지만 그들은 연상연하 부부로 그녀는 37세의 남편보다 5살 많았다. 오 마이 갓.

어떻게 하면 실수를 만회할 수 있나 호시탐탐 엿보던 중, 좋은 기회가 생겼다. 그녀가 평소와는 다른 운동복을 입고 왔던 것이다. "룰루레몬 운동복이죠? 정말 잘 어울리네요. 역시, 패션 감각이 남다르신 것 같아요. 쇼핑을 주로 어디서 하세요?" "음. 주로 버그도프굿맨Bergdorf Goodman이나 바니스뉴욕Barneys New York에서 세일할 때, 또 매디슨 애비뉴 쇼핑 거리를 자주 가는 편이죠." 부인에게 점수도 따고, 뉴요커의 숨겨진 쇼핑 장소도 찾았으니 일석이조이다!

뉴욕의 5번 애비뉴가 아무리 세계 최대의 쇼핑 명소라고 해도, 뉴요커가 쇼핑하는 곳은 따로 있다. 바로 57번 스트리트와 86번 스트리트까지 이어지는 매디슨 애비뉴 쇼핑 거리다. 이곳에도 5번 애비뉴처럼 명품 브랜드 상점들이 즐비하게 늘어서 있다. 물론 5번 애비뉴와 마찬가지로 엄청난 임대료를 감당해야 한다.

뉴요커들이 주로 찾는
매디슨 애비뉴의 쇼핑 거리.

한편 최근 맨해튼에서는 기이한 현상이 일어나고 있다. 랄프 로렌, 캘빈 클라인, 갭, 베르사체, 로드앤테일러Lord & Taylor 백화점, 헨리벤델 Henri Bendel 백화점 등 글로벌 패션브랜드들이 5번 애비뉴를 떠나고 있는 것이다.

그 결과 천정부지로 치솟던 뉴욕 맨해튼 소매점 임대료는 2016년 중반 이후에 하락추세이다. 2018년 말 기준으로 알짜 중의 알짜 지역인 5번 애비뉴 49번 스트리트에서 60번 스트리트의 소매면적 평균 호가는 평방피트당 2,668달러로, 이는 10년 전에 비해 500달러나 떨어진 것이다. 맨해튼 전체의 평균 소매점 임대료도 평방피트당 1천 달러를 넘다가 2019년 들어서 685달러 수준까지 하락했다.

이 같은 현상은 최근 소비자들의 구매행동 변화와 연관이 있다. 소매 비즈니스에서 온라인 비중이 급격히 커지면서 많은 브랜드들이 세계에서 가장 비싼 임대료를 지불하면서까지 이곳에 플래그십 스토어를 유지할 만한 가치가 있는지 의문을 품기 시작한 것이다.

그에 따라 브랜드파워가 약한 브랜드들은 과감히 철수하기 시작했고, 초일류 브랜드들은 오히려 플래그십 스토어 전략을 강화하는 정반대 현상이 일어나고 있다. 초일류 브랜드들은 플래그십 스토어를 통해 고객에게 이전까지 느끼지 못했던 경험과 판타지를 제공한다.

플래그십 스토어
flagship store
브랜드의 성격과 특징을 극대화시킨 매장으로 브랜드에서 출시하는 제품을 한눈에 살펴볼 수 있다.

아베크롬비&피치 플래그십 스토어 정문.

3장 럭셔리 마케팅, 황재한 고객, 황홀한 매출

매장 앞에 1천여 명이 줄을 서는 이유

온라인 구매가 가능해지고 애플 아이폰의 혁신성이 도전을 받으면서, 애플이 새로운 아이폰을 출시할 때마다 예전처럼 서로 먼저 사기 위해 과거처럼 텐트를 치고 노숙하는 광경은 드물어졌다. 그렇지만 요즘

도 새로운 아이폰이 출시될 때마다 애플스토어 앞에는 긴 줄이 생긴다. 특히 2014년 9월 19일 가장 혁신적인 모델로 평가됐던 아이폰 6/6+가 출시될 때에는 뉴욕 맨해튼 5번 애비뉴 애플스토어 앞에 1천여 명이 장사진을 쳤다. 그것도 무려 다섯 블록 떨어진 곳까지 줄이 이어졌다.

그런데 애플스토어가 없었다면 애플은 아이폰을 어디서 출시했을까? AT&T 대리점? 베스트바이 매장? 어디든 지금의 애플스토어에 비하면 모든 면에서 미미했을 것이다. 이제 애플스토어는 아이폰, 아이패드 등과 함께 애플을 구성하는 핵심요소가 되었다. 그렇다면 애플스토어는 대체 누구의 아이디어에서 출발했을까?

> **AT&T와 베스트바이Best Buy**
> AT&T는 미국에서 가장 큰 전화 통신 회사이며, 베스트바이는 미국 최대 가전제품 유통기업이다. 미국 소비자들은 새 휴대폰을 구매할 때 개별 통신사 매장 다음으로 애플스토어와 베스트바이를 가장 많이 이용한다.

1996년 4월, 스티브 잡스가 애플로 다시 돌아왔을 때 애플의 매

킨토시는 유통업체에서도 거부할 만큼 잘 팔리지 않는 애물단지가 되어 있었다. 신제품을 출시해도 유통업체가 취급하지 않으면 큰 문제이다. 그 때문에 스티브 잡스는 지금은 없어진 컴프USA(전자제품 쇼핑몰)를 설득해 매장 내에 애플의 쇼룸을 만들었지만, 소비자들의 반응은 냉랭했다. 그는 급기야 의류 브랜드 갭Gap의 사장이었던 밀러드 드렉슬러 Millard Drexler를 데려왔고, 그의 추천으로 타깃의 론 존슨Ron Johnson을 영입했다. 초창기 애플의 소매 전략팀은 갭 출신의 사람들이 많았다. 그래서 한때 '개플Gapple'이라는 말이 나올 정도였다.

론 존슨은 애플 본사 근처에 있는 한 창고에 스토어 모형을 만들었고, 기존의 제품 진열 방식이 아닌 새로운 방식을 실험하고 있었다. 그리고 이내 '지니어스바Genius Bar'를 고안해냈다. 론 존슨은 사람들이 매장에 들어와 컴퓨터를 사는 것은 물론, 그것으로 무엇을 할 수 있는지 궁금해할 거라고 생각했다. 지니어스바는 이러한 사람들의 욕구를 충족시키기 위한 것이었다. 애플은 1년 동안의 시험가동 후 2001년 5월 버지니아, 캘리포니아에 2개의 애플스토어를 열었다.

그렇다면 결과는? 현재 애플의 명성을 보라. 결과는 대성공이었다. 애플스토어는 매장 마케팅에 가히 혁명적인 변화를 보여주었다. 창고형 매장에서 럭셔리 브랜드 매장 수준으로 끌어올린 변화는 외관에서부터 느껴졌다. 특히 고객들이 애플의 제품을 자유롭게 작동해보도록 여러 개의 테이블을 바둑판처럼 배열하고, 각 테이블마다 제품들을 설치했다. 또한 계산 대기 시간을 단축하기 위해 모바일 신용카드기기를 도입했다. 2006년 개장한 10미터 높이의 유리큐브 입구를 통해 들어가는 뉴욕 맨해튼 5번 애비뉴 애플스토어는 순식간에 뉴욕의 관광명소가 되었다. 그런데 그 이후 더 멋진 애플스토어들이 생겨나자 애플은 2017년 1월부터 5번 애비뉴 애플스토어 리노베이션 작업에 들어갔다. 과연 어떤 모습으로 우리를 감동시킬지 기대가 된다.

애플스토어는 곧 전자제품 소매매장의 새로운 표준으로 떠올랐다. 베스트바이, 마이크로소프트 등이 이를 벤치마킹하기도 했다. 애플은 2018년 말 현재 미국 내 271개를 비롯해 중국, 영국, 캐나다, 일본, 한국 등 25개국에 걸쳐 506개의 애플스토어를 운영하고 있다.

애플스토어의 성공에는 보이지 않는 힘이 더 크다. 바로 애플 신봉자, 속칭 '애플빠'로 불리는 골수 팬들 때문이다. 애플스토어의 직원들도 모두 애플의 팬이다. 직원들은 스스로가 애플을 사랑하고, 애플에서 일하는 것에 대한 자부심을 가지고 있다. 이게 바로 애플이 소매업계의 왕이 된 이유이다.

이들은 판매직원salesperson이라 불리지 않고 전문가specialist로 불린다. 애플이 직원들에게 강조하는 것은, 그들이 단순히 물건을 팔거나 고치는 사람이 아니라 많은 사람들의 생활을 윤택하게 하는 일을 하고 있다는 점이다. 사람들은 뭔가 명분이 있고 고상한 일을 한다는 느낌을 맨해튼 5번 애비뉴 애플스토어의 공사 전 모습.

3장 럭셔리 마케팅, 횡재한 고객, 황홀한 매출

맨해튼 5번 애비뉴 애플스토어가 공사 중인 모습.

받으면 돈이 적어도 기꺼이 감내한다. 그래서 지니어스바에서 일하는 기술자들의 경우 직원보유율retention rate이 90퍼센트나 된다. 즉 10명을 채용했을 경우 그다음 해까지 9명이 남는다는 이야기이다. 이는 소매 업계에서 경이적인 수치라고 한다. 그뿐만이 아니다. 애플에서 일한 경력은 다음 직장을 구하는 데 도움이 되기에 사람들은 적은 돈을 받고도 애플스토어에서 일하려고 한다.

2018년 말 기준으로 애플스토어 매장직원은 연봉 2만 8천 달러, 스토어매니저는 5만 8천 달러, 기술자는 4~5만 달러로 실상 낮은 수준 이다. 게다가 고객들에게 수당이 많이 남는 제품을 권하는 걸 막기 위 해 판매수당도 아예 없다. 판매수당 제도가 있다면 직원들 간에 경쟁이 유발되고, 그것이 동료애 구축에 나쁜 영향을 준다는 판단 때문이다.

나도 무선 공유기를 사기 위해 뉴욕 맨해튼의 애플스토어를 방문 한 적이 있다. 문제는 사람이 하도 많아서 내가 무엇을 하러 왔는지 조 차 까먹을 지경이었다는 것이다. 넋이 나간 내가 어정쩡하게 서 있는데 직원이 다가와 도움이 필요한지 묻는다. 한국에서 가져온 인터넷 전화 를 사용하려면 어떤 무선 공유기를 사야 하는지 묻자 직원은 갸우뚱한 표정을 짓더니 이내 기술자를 불러다 주었다. 얘기를 들은 기술자는 잠 시 생각하더니 자신은 없지만 이걸 사용하면 될 것이라고 말하며, 만약 안 되면 언제든지 반품할 수 있다고 덧붙였다. 나는 그때 거의 눈물이 날 정도로 감동을 받았다. 왜냐고? 불친절하기로 유명한 뉴욕 맨해튼

맨해튼 5번 애비뉴에 있는
애플스토어 내부.

에서 이런 서비스는 찾아볼 수 없기 때문이다. 그때 나는 애플스토어가 북적일 수밖에 없는 이유를 몸소 체험했다.

하지만 이런 밝은 면 뒤에는 직원들의 희생이 있었다. 팔린 만큼 급증하는 애프터 서비스 수요를 맞추기 위해 지니어스바 기술자 한 사람이 감당해야 하는 고객의 수가 많아졌다. 어떤 때는 한 사람이 3명의 고객을 한꺼번에 상대하거나 휴식도 없이 일하는 경우가 빈번했다.

캘리포니아 주 노동법에는 1회 10분씩 하루에 두 번은 반드시 쉬도록 되어 있었는데, 어쩔 수 없이 이걸 어기게 되었다. 그러자 2009년에 한 변호사가 애플을 상대로 집단소송을 냈고, 그것이 받아들여지지 않자 개별소송을 걸었다. 그 변호사는 결국 애플과 합의를 통해 상당한 금액을 받아냈다고 한다.

이후 애플 측은 기술자가 컴퓨터를 켤 때 화면에 '이 박스를 클릭하는 순간 나는 내가 휴식을 취했다는 것을 인정한다'는 문구가 나오도록 했다고 한다. 하지만 많은 기술자들이 휴식을 취하지 않고도 그 박스를 클릭했다. 내가 쉬면 다른 동료가 그만큼 일을 더 해야 했기 때문이다. 그만큼 애플 직원들의 동료애는 돈독했다.

이처럼 삶의 윤택함, 혁신, 새로움을 강조하는 화려한 애플의 이면에는 하급직원들의 땀과 애환이 서려 있다. 애플스토어 자체는 타의 추종을 불허하는 소매점이지만, 거기서 일하는 저임금 근로자들을 보면 요즘 하이테크 산업의 문제가 드러나는 것 같아 안타깝기도 하다. 인터넷과 컴퓨터는 소수의 백만장자들을 만들어냈다. 그러나 이러한 기업들이 창출해낸 일자리들은 실리콘밸리의 영광이나 부와는 전혀 상관이 없다. 판매직, 고객서비스, 수리공, 배달부 등 서비스 분야의 저임금 단순직일 뿐이다.

내가 경험한 것처럼, 애플스토어는 다른 소매점들에 비해 색다른 경험을 주고 있기 때문에 매장 매출이 높다는 건 어느 정도 맞는 말이다. 실제로 애플스토어는 2017년 평방피트당 5,546달러의 매출을 올려 단위면적당 세계에서 가장 높은 매출을 올리는 소매점의 위치를 굳건히 지키고 있다. 하지만 고객들이 애플스토어를 찾는 것은 제품 자체에 혁신성이 있기 때문이다. 애플의 혁신성에 대한 논란이 제기되고 있는 요즘, 앞으로 애플스토어 매출이 어떻게 변할지는 지켜볼 일이다.

〈티파니에서 아침을〉 실제로 즐긴다

2017년 11월 10일 금요일 이른 아침, 블랙프라이데이 세일 시작은 24일부터인데도 불구하고 티파니의 뉴욕 맨해튼 5번 애비뉴 플래그십 스토어는 많은 사람들로 붐볐다. 그 이유는 보석을 사기 위해서가 아니라 10시부터 시작하는 '티파니에서 아침을' 먹기 위해서였다.

'티파니에서 아침'을 먹기 위해 줄을 선 사람들.

1961년 개봉된 영화 〈티파니에서 아침을〉 이후 거의 60년이 지나서 티파니앤코Tiffany & Co는 맨해튼 플래그십 스토어 4층에 더블루박스카페The Blue Box Cafe'를 열었다. 티파니의 하늘색 보석상자의 이름을 딴 더블루박스카페는 새로운 경영층이 낡은 브랜드 이미지로 판매 감소를 겪고 있던 티파니를, 보다 젊고 힙hip하고 쿨cool한 브랜드로 리브랜딩을 하기 위한 첫 번째 프로젝트였다.

삭스피프스애비뉴Saks Fifth Avenue, 블루밍데일즈, 바니스뉴욕 등 럭셔리 백화점들은 이미 오래전부터 고객 유치 전략의 일환으로 카페나 레스토랑을 운영해오고 있다. 드디어 티파니도 그 반열에 동참한 것이다. 다만 이들보다 유리한 요소가 있다면, 영화 〈티파니에서 아침을〉의 유명세를 이용할 수 있다는 점이다.

더블루박스카페는 밀레니얼로 대표되는 젊은 고객들에게 모던 럭셔리를 경험할 공간을 선보인다. 더블루박스카페의 벽, 소파 및 의자, 식기 등은 당연히 티파니 블루 색을 띠고 있고, 티파니가 팔고 있는 각종 라이프스타일 제품을 사용하여 식사를 즐길 수 있다. 즉 새로운 티파니로 들어서는 창구인 셈이다.

예상했던 대로 더블루박스카페는 엄청난 인기몰이 중이다. 뉴욕을 방문하면 반드시 들러야 하는 곳 1순위로 떠올랐다. 특히 여자들은 영화 속 오드리 헵번처럼 검은 선글라스에 검은 드레스를 입고 파이프 담뱃대를 피우는 모습을 재현하기도 한다. 메뉴는 아침, 점심 혹은 애프터눈티, 세 가지이며 영업시간은 오전 10시부터 오후 5시 반까지이다. 예약은 오로지 온라인(tiffany.com 혹은 RESY.com)을 통해 30일 전부터 가능하지만, 언제나 예약이 꽉 차 있기 때문에 대기자 명단에 이름을 올려놓고 혹시 모를 예약취소를 기다려야 한다.

나아가 티파니는 기존 클래식 스타일의 플래그십 스토어를 완전히 뜯어고쳐, 보다 젊은 감각의 새로운 럭셔리 플래그십 스토어로 2021년에 재오픈한다는 계획이다.

티파니는 홍보 전략도 수정했다. 2018년 5월부터 티파니는 젊은 층에게 잘 알려져 있는 엘르 패닝, 매디 지글러 같은 셀럽들을 광고모델로 활용하여 "Believe in Dreams"

3장 럭셔리 마케팅, 황재한 고객, 황홀한 매출

캠페인을 전개하고 있다. 또 2018년 가을에는 동성커플, 타인종 간 커플이 등장하는 "Believe in Love" 광고를 개시했다. 보수적인 티파니로서는 파격적인 변신이다. 이러한 리브랜딩 전략은 주효하여 약혼반지 판매가 증가하고, 더블루박스카페는 주말 예약대기자가 4,500명에 이를 정도로 티파니는 젊은 층을 고객으로 끌어들이고 있다. 티파니는 모던화를 추구하지만 지나치지는 않고 있다. 차별화된 초럭셔리 브랜드의 전통에 충실함으로써 새로운 젊은 층을 고객으로 끌어들이는 한편, 충성 고객층으로부터도 멀어지지 않고 있다.

이것이 오프라인 매장의 미래다

지금까지 이런 곳은 없었다. 2018년 11월 15일 뉴욕 맨해튼 5번 애비뉴에 새로운 명물이 생겼다. 바로 나이키가 25년 된 나이키타운을 닫고 뉴욕 맨해튼 5번 애비뉴에 새로 오픈한 6만 8천 평방피트 규모의 6층짜리 '혁신하우스House of Innovation 000'가 바로 그것이다.

이곳은 나이키가 최근의 소매산업 변화(사람들은 이제 단순히 신발을 사는 곳이 아닌 경험할 수 있는 공간을 원한다)를 반영하여 만든 곳이다. 즉 나이키의 신 뉴욕 플래그십 스토어는 오프라인 상점brick-and-mortar retail의 미래를 보여준다.

뉴욕 나이키 플래그십 스토어를 방문하려면 스마트폰에 나이키 앱을 받아야 한다. 그래야 나이키가 야심차게 마련한 모든 기술적 혁신을 즐길 수 있다.

문을 열고 들어가면 가장 먼저 고객을 맞이하는 곳은 더아레나The Arena라고 불리는 DIY 개념의 고객맞춤서비스 공간이다. 여기에서는 고객이 자기만의 신발을 만들 수 있다. 신발을 원하는 색깔로 염색할 수도 있고, 자수로 이름을 새기거나 혹은 문양을 붙일 수도 있다.

매장이 워낙 크다 보면 원하는 아이템 찾기가 어렵기도 하고 피곤하기도 하다. 그래서 나이키는 해법을 찾아냈다. 마네킹이 입은 옷이나 신발을 원하는 고객은 스마트폰 앱을 열어 QR코드를 스캔하면 된다. 그러면 자기가 원하는 사이즈가 매장 내에 있는지 알 수 있다. 고객은 옷걸이에서 옷을 직접 꺼낼 필요도 없다. 매장을 돌아다니면서 입어보기를 원하는 옷을 버추얼백Virtual bag에 보내면 직원(Nike Athlete이라고 부름)이 피팅룸으로 가져다 놓는다. 고객은 나중에 피팅룸으로 들어가 옷을 입어보고 맘에 드는 것을 선택해 계산하면 된다. 피팅룸에서는 상황(셀카 찍기 좋은 조명)에 맞게 조도를 조정할 수 있다.

나이키의 최신 신발 모델을 보고 싶다면 4층에 위치한 스니커랩Sneaker Lab으로 가면 된다. 이곳에는 세계에서 가장 많은 종류의 나이키 신발들이 전시돼 있다.

가장 위층에는 나이키전문가스튜디오Nike Expert Studio가 있다. 나이키플러스 회원은 예약을 통해 나이키 전문가로부터 일대일 서비스를 받을 수 있다. 예를 들면 고객이 마라톤을 준비하기 위한 장비 혹은 뉴욕의 겨울을 나기 위한 신발을 찾는다면, 예약된 전문가가 최적의 장

나이키의 새로운 뉴욕 플래그십 스토어.

비와 신발을 찾아준다. 아울러 개인 취향에 맞게 맞춤형으로 제작도 할 수 있다.

　뉴욕 플래그십 스토어는 전 세계에서 몰려든 관광객들로 항상 붐빈다. 뉴요커들 입장에서는 여간 귀찮은 일이 아니다. 그래서 나이키는 지하층에 뉴요커들을 위한 공간을 마련했다. 이곳에는 뉴욕 지역에서 가장 잘 팔리는 아이템들을 전시해놓고 있다.

　마지막으로 산 물건을 계산을 하려면 전통 방식대로 계산대를 이용할 수도 있고, 줄서서 기다리기 싫다면 모바일 앱을 사용하여 지불할 수도 있다. 영수증도 앱을 통해 받을 수 있다. 고객들은 온라인으로 주문하고 매장에서 픽업이 가능하다. 나이키플러스 회원은 전화로 아이템을 예약할 수 있고, 매장 내의 로커에 구입한 물건을 넣어 놓고 언제든지 편리한 시간에 찾아갈 수 있다.

나이키의 새로운 뉴욕 플래그십 스토어는 디지털 시대에서 지극히 개인맞춤형, 신속대응형, 그리고 프리미엄형 쇼핑 경험을 제공함으로써 종전의 천편일률적인 플래그십 스토어의 종말을 예고하고 있다.

나이키 플래그십 스토어 내부.

오프라인 매장이여,
'신선한 경험'을
제공하라!

✔ **사람들의 '발'길은 이제 '손'길로** 변했다. 클릭 한 번이면 쇼핑과 관련된 번거로운 과정을 거의 모두 생략할 수 있기 때문이다. 매장에서 볼 수 있는 옷은 모니터에서도 볼 수 있고, 직원들의 눈총과 압박에 시달리지 않고 마음껏 가상의 장바구니에 상품을 넣었다 뺐다 반복할 수 있다.

이런 악조건에서 오프라인 매장으로 사람들의 '발'길을 끌어들이려면 뭔가 특별한 것이 필요하다. 그 특별한 것은 바로 다른 데에서는 느끼지 못할 '신선한 경험'이다. 애플스토어, 나이키, 티파니가 그에 대한 적절한 예시이다.

이러한 매장에서 고객들은 불편함을 느끼지 않는다. 고객은 제품을 만지고, 작동해보고, 입어보고 하는 모든 과정에서 자유롭다. 사람들은 이곳에서 무엇을 꼭 구입해야 한다는 압박을 느끼지도 않는다. 실제로 많은 사람들이 아이쇼핑을 위해 애플스토어나 나이키, 티파니에 들른다.

그럼에도 매출은 동종업계 최고 수준을 자랑한다. 사람의 심리를 교묘히 이용하는 고도로 세련된 마케팅이기 때문이다. 물론 브랜드파워와 제품력이 뒷받침되지 않으면 성공할 수 없다는 건 당연한 사실이다.

이러한 마케팅 및 사업방식이 한국에서도 과연 통할 수 있을까? 물론 통할 수 있다고 생각한다. 상품을 파는 데에만 초점을 맞춘 창고식의 대형 전자제품 매장, 대리점 타입의 구식 매장이 아닌 뉴욕의 애플스토어, 나이키 플래그십 스토어와 같은 매장을 상상해보자.

당연히 여기엔 애플의 직원들처럼 박봉에도 웃으면서 자발적으로 일할 수 있는 이들이 필요하다. 그래야 고객도 즐거워하고 매출도 오를 수 있다. 물론 자원봉사 정신을 이끌어낼 만한 가치가 있다는 전제하에서 말이다.

나이키 플래그십 스토어의 스니커랩.

럭셔리 백화점
그리고
럭셔리 마케팅

요즘 뉴욕 맨해튼의 백화점업계 사람들은 '아, 옛날이여!'를 외치고 다닌다. 가만히 있어도 손님이 물밀듯이 들어오던 그야말로 배짱영업을 하던 시대는 가고, 지금은 그야말로 사면초가 상황이 되었기 때문이다. 우선 살인적인 임대료를 감당해야 하고 온라인의 침공으로부터 고객을 지켜야 한다. 부쩍 힘이 세진 샤넬과 같은 초일류 브랜드 앞에서 고개를 숙여야 하고, 밀레니얼과 Z세대로 대표되는 젊은 고객들을 어떻게든 끌어와야 한다.

게다가 이전에는 삭스피프스애비뉴Saks Fifth Avenue, 버그도프굿맨, 바니스뉴욕, 블루밍데일즈의 4강 구도였지만, 이제는 노드스트롬과 니먼마커스Neiman Marcus 등 새로운 강자가 진입하면서 6강체제가 되었다. 과거가 경쟁 속에서 고객을 나눠먹는 구도였다면, 이제는 생존을 위한 처절한 전쟁이 시작되고 있는 것이다. 악조건을 이기지 못하고 뉴욕 맨해튼의 터줏대감이었던 로드앤테일러와 헨리벤델 백화점이 뉴욕을 떠났지만 이들은 비주류였기 때문에 직접 경쟁은 되지 않았다.

아, 옛날이여 !

과거 뉴욕 맨해튼의 백화점들은 콧대가 하늘 높은 줄 몰랐다. 가만히 있어도 고객들이 알아서 찾아오니 샤넬, 에르메스, 루이비통, 구찌, 프라다 같은 유명 브랜드들이 서로 입점하려고 줄을 섰다. 그래서 뉴욕의 럭셔리 백화점들은 브랜드 및 제품의 선정과 판매를 직접해왔다. 쉽게 말해서 내가 팔고 싶은 물건을 직접 골라 도매가로 구입하여 적정 마진을 붙여 내 방식으로 팔아온 것이다. 얼핏 들으면 당연한 얘기 같지만, 이런 영업방식은 백화점이 힘이 있을 때에만 통하는 방식이다. 힘이 없는 대다수 백화점들은 그저 브랜드에게 장소를 제공하고 매출의 일정 부분을 챙기는 사실상 임대업과 같은 방식을 취하는 것이 보편적이다. 그래서 우리나라 백화점들은 샤넬, 에르메스, 루이비통 같은 초일류 브랜드들을 유치하기 위해 머리를 조아린다.

상품을 직접 구매해 직접 판매하는 뉴욕의 럭셔리 백화점들은 할인행사에 아주 쿨하다. 즉 일정 기간 상품이 팔리지 않으면, 그 즉시 할인행사를 해버린다. 명품 브랜드가 가장 열받아 하는 점이 바로 이것이다. 미국 경제불황이 시작된 2008년의 경우 일부 백화점들이 추수감사절이 되기도 전에 무려 70퍼센트나 할인행사를 한 적이 있다. 물론 지금은 동화 같은 얘기가 되었지만. 싼값에 명품을 구입한 소비자들은 일단 횡재했다는 기분이지만, 할인 전에 구매한 사람들은 자신이 엄청난 바가지를 썼다는 기분이 들게 마련이다. 이러한 인식은 브랜드 이미지

를 실추시키기 때문에 브랜드 입장에서는 화가 날 일이다. 물건을 팔아서 이익만 남기면 되는 백화점과는 다르다.

그러나 이젠 상황이 달라졌다. 브랜드파워가 있는 초일류 브랜드들이 백화점의 횡포에 대항하기 위해 맨해튼 5번 애비뉴를 중심으로 플래그십 스토어를 열었다. 단독매장을 공격적으로 늘리면서 럭셔리 백화점들과 힘의 균형을 맞추기 시작한 것이다. 그리고 마침내 힘의 균형이 초일류 브랜드들 쪽으로 기울기 시작했다. 6자 구도가 된 맨해튼 럭셔리 백화점들이 전쟁터에서 살아남기 위해 그토록 꺼리던 임대업으로 돌아서기 시작한 것이다. 왜냐하면 샤넬, 에르메스, 루이비통이 없는 백화점은 곧, '나 2류 백화점이야'라고 자인하는 꼴이 되었기 때문이다. 그래서 요즘 뉴욕 럭셔리 백화점에 들어가 보면 샤넬과 같은 초일류 브랜드가 단독매장을 운영하면서 자태를 뽐내고 있다.

럭셔리 백화점들의 처절한 생존 전략

'나 백화점 좀 다녀봤다' 싶은 분들에게 퀴즈를 하나 내보겠다. 단, 문제를 읽자마자 바로 답이 떠올라야 한다. 자 그럼 문제. 현대백화점, 롯데백화점, 신세계백화점 매장의 차이점은? 바로 답이 떠올랐는가? 백화점 영업이나 마케팅 담당직원이 아니고서야 즉시 답이 떠오르진 않을 것이다. (아니라고? 그럼 답을 맞히신 분들, 진심으로 축하드린다!)

같은 문제를 뉴욕에 있는 백화점에 적용하면 어떨까? 아마 뉴욕에서 백화점 좀 다녀봤다는 사람들은 바로 답을 쏟아낼지 모른다. 우리나라 백화점들이 상품 구색, 디자인에서 거의 획일적인 데 비해, 맨해튼의 럭셔리 백화점들은 자기만의 개성이 뚜렷하기 때문이다. 브랜드들과 기싸움을 하는 백화점들이니 뭐 말할 것도 없겠지만 말이다.

예를 들어 소호에서 영업하고 있는 몽클레르의 직영매장은 주로 2천~3천 달러가 넘는 고가의 상품을 팔고 있다. 반면에 바니스뉴욕 백화점은 1천 달러 수준의 젊은 취향으로 디자인한 상품도 취급한다. 버그도프굿맨은 비교적 나이 든 사람들에게 어울리는 모피가 달린 고가의 상품을 가져다 놓는다. 관광객이 많이 찾는 삭스피프스애비뉴는 보다 대중적으로 잘나가는 상품을 취급한다. 바니스뉴욕에서 골라뒀던 제품을 삭스피프스애비뉴에서 찾으면 없는 경우가 태반이다. 각각의 백화점에서 취급하는 상품의 개성이 다르기 때문이다.

그런데 이제는 이러한 차별화만으로는 생존 자체가 어려워졌다. 뉴욕의 럭셔리 백화점들은 고객을 유혹하기 위해 정말 모든 노력을 다하고 있다.

브랜드를 믹스하라!

요즘은 스트리트웨어streetwear가 유행이다. 밀레니얼과 Z세대는 획일성을 거부한다. 그러나 스트리트웨어만으로는 젊은 고객을 끌어들이기 충분치 않다. 아방가르드 스토어인 도버스트리트마켓Dover Street Market은 '슈프림Supreme' 같은 스트리트웨어 브랜드 옆에 럭셔리 브랜드인 프라다를 배치한다. 이런 방식은 젊은 소비자들에게 럭셔리 디자이너 브랜드가 덜 위협적으로 보이게 한다. 도버스트리트마켓의 제임스 길크라이스트James Gilchrist 사장은 브랜드 믹스의 효과를 높이기 위해, 디스플레이를 할 때 어떤 브랜드 옆에 어떤 브랜드를 배치할 것인지 미리 말하지 않는다. 왜냐하면 신생 브랜드 옆에 럭셔리 브랜드를 배치하면 당연히 럭셔리 브랜드가 반발할 가능성이 크기 때문이다.

노드스트롬의 뉴욕 매장.

3장 럭셔리 마케팅, 횡재한 고객, 황홀한 매출

2018년 4월에 맨해튼에 문을 연 노드스트롬(남성전용 매장으로 본 매장은 2019년 9월 개장 예정)은 후발주자로서 불리함을 극복하기 고심 끝에 이러한 방식을 차용했다. 매장 내에 스트리트웨어 브랜드와 엣지 있는 패션브랜드를 더 많이 갖추어 놓았다. 반스Vans에서 발렌티노, 나이키에서 발렌시아가까지 서로 다른 수준과 가격대의 독특한 스타일을 함께 진열한 것이다.

왜 이런 이벤트를 백화점에서?

밀레니얼은 '경험세대'이다. 팝업 매장, 차별화된 이벤트는 이 밀레니얼 세대의 주목을 끄는 데 효과적이다. 밀레니얼은 이런 이벤트에 와서 보고 자신의 인스타그램에 적극적으로 사진을 올리기 때문에 홍보효과는 배가된다.

실험정신이 투철하여 예전에 아르마니를 미국에 성공적으로 정착시키는 데 혁혁한 공을 세운 바니스뉴욕이 이러한 세태를 미리 읽고 선수를 치고 나섰다. 2017년 10월 28일과 29일 양일간 바니스뉴욕은 하이스노바이어티Highsnobiety라는 패션블로그와 같이 '더드롭@바니스thedrop@barneys'라는 이벤트를 개최했다. 더드롭the drop은 브랜드들이 신제품을 소량 한정판으로 선보이는 이벤트를 말한다.

바니스뉴욕의 사장 다니엘라 비탈이 더드롭 행사에서 피어싱을 받는 모습.

여기에는 밀레니얼과 Z세대에게 인기 있는 어콜드월A-COLD-Wall, 헤론프레스톤Heron Preston, 에임레온도르Aime Leon Dore, 스탬프드Stampd, 아미리Amiri, 오프화이트OFF-White 등 스트리트웨어 디자이너들과 구찌, 알렉산더 왕Alexander Wang 등의 30개 브랜드의 독점 디자인 제품을 선보였다. 부대행사로 유명 타투이스트 존 보이Jonboy, 피어싱 전문가 제이 콜비 스미스J.Colby Smith가 나와 고객들에게 타투와 피어싱을 직접 해주었는데, 특히 바니스뉴욕의 다니엘라 비탈Daniella Vitale 사장이 직접 피어싱을 받아 주목을 받았다. 아울러 최신 스트리트 문화와 패션에 대한 전문가 좌담회 등도 개최했다. 이벤트 첫째 날 바니스뉴욕은 신규고객 20퍼센트, 매출 25퍼센트 증가를 기록했다. 이에 고무된 바니스뉴욕은 같은 행사(thedropLA@barneys)를 2018년 6월에 LA 매장에서도 개최했다.

콧대 높던 뉴욕의 럭셔리 백화점들이 이제는 젊은 고객을 유치하기 위해 과거에는 거들떠보지도 않던 힙한, 소위 '방향지시indicator 소매점'들로부터 힌트를 얻고 있는 것이다.

이게 백화점 사이트야, 잡지사 사이트야?

지방시나 프라다 같은 럭셔리 브랜드, 어콜드월 같은 스트리트웨어 브랜드를 함께 파는 온라인 소매점인 센스SSENSE의 홈페이지 초기화면에 들어가면 이곳이 패션매거진인 듯 착각하게 만든다. 상품을 나열하는 대신 디자이너, 뮤지션, 아티스트, 셰프 등에 관한 스토리나 프로파일을 제공하고 있기 때문이다.

여기에 착안하여 바니스뉴욕과 블루밍데일즈는 홈페이지에 각각 더윈도우The Window, 에디토리얼Editorial 페이지를 신설해, 최근 트렌드와 요즘 잘나가는 디자이너 브랜드에 대한 내용을 제공하는 등 스토리텔링을 강조한다. 즉 단순히 상품을 파는 역할에서 콘텐츠 크리에이터로의 변신을 꾀하고 있는 것이다. 아울러 인스타그램 같은 주요 인플루언서 등 디지털 소셜 플랫폼을 적극 활용하고 있다. 모두 젊은 세대를 고객화하려는 노력이다. 요즘 젊은 세대는 패션잡지보다는 인스타그램에서 새로운 브랜드나 제품을 찾는 경향이 점점 높아지고 있다.

이런 서비스도 한다

2018년 4월에 문을 연 후발주자 노드스트롬은 맨해튼의 바쁜 생활 방식에 대응한 혁신적인 새로운 서비스를 도입하고 있다. 노드스트롬은 온라인으로 주문한 고객이 상품을 한밤중에 픽업하길 원하거나, 혹은 비즈니스차 뉴욕을 방문한 사람이 이른 아침 미팅을 위해 급히 양복이 필요한 경우에 대비하여 매장에 직원을 24시간 상주시킨다.

물론 당일 배송서비스(20달러)도 가능하고, 매장 입구에 3개의 반품 코너를 설치하여 반품하기 위해 줄서서 기다리지 않아도 된다. 스마트폰에 노드스트롬 쇼핑 앱을 받으면 더욱 편리하다. 쇼핑 앱에서 최대 10개 품목까지 입어볼 옷을 예약해놓으면 직원이 피팅룸에 미리 가져다 놓는다. 고객은 나중에 피팅룸에 들려 예약한 옷을 입어보면 된다. 부대 서비스도 도입했다. 센트럴파크가 보이는 카페와 이발소도 만들어놓았다. 16명의 양복재단사와 5명의 퍼스널 쇼핑도우미도 상주시킨다. 2017년에 세계무역센터World Trade Center 근처에 새로운 매장(남성용품)을 연 삭스피프스애비뉴는 더레더스파The Leather Spa(구두수선 및 구두닦기 서비스)와 이발소를 설치했다.

그런데 아무리 상품구색이 매력적이고 새로운 혁신적인 서비스를 도입한다 하더라도 남성상품매장이 과연 통할지 여부는 좀 더 두고봐야 할 것 같다. 어떤 가정이든지 지출우선순위에서 남성용품은 아이, 부인, 반려동물에 이은 꼴찌이기 때문이다.

고정관념을 뒤집어라

삭스피프스애비뉴는 2015년부터 2억 5천만 달러를 들여 2021년 완공을 목표로 5번 애비뉴 611번지의 플래그십 매장을 리노베이션한다. 또한 동시에 상품코너를 재배치하고 있다. 그런데 그 작업이 업계의 정설을 뒤엎는 파격적인 것이어서 주목을 받고 있다.

개장 이래 처음으로 창문을 가로막고 있던 벽장을 없애고 햇빛이 매장 안으로 들어오게 했다. 백화점에는 창문이 없어야 한다는 고정관념에서 과감히 벗어난 것이다. 그 다음 칸막이를 없애고 갤러리 분위기를 도입했다. 그래서 5층에 새로 마련한 디어드밴스The Advance에는 32개의 모던 디자이너 브랜드를 미술작품처럼 전시하였다. 칸막이가 없으니 한쪽 끝에서 저 멀리 끝까지 시원하게 보인다.

전통적으로 1층을 차지하던 화장품을 2층으로 이전했다. 대신 5만 3천 평방피트의 넓은 1층에는 마진이 좋고 단골 및 신규고객 확보에 유리한 핸드백을 배치했다. 샤넬, 셀린느, 보테가베네타, 더로우The Row 같은 50여 개의 다양한 핸드백 브랜드를 한눈에 볼 수 있기 때문에 핸드백 쇼핑 명소로 소문이 이미 자자하다. 이곳에는 다국어를 하는 20명의 백화점 안내도우미, 50명의 핸드백스타일 도우미들이 고객의 쇼핑을 지원한다.

2층 화장품 섹션은 기존보다 40퍼센트 면적을 늘렸다. 경험서비스를 강화하기 위해 페이스짐FaceGym, 블링크브로우바Blink Brow Bar, 스키니메드스파Skinney Medspa 같은 15개의 트리트먼트 룸을 추가했다.

지하에는 더볼트The Vault라는 공간을 만들어 남성 신발과 파인 주얼리 제품을 이곳에 모으기로 했다. 그런데 약간의 문제가 발생했다. 2011년부터 1층에 숍인숍을 운영해온 까르티에가 브랜드 위상에 맞지 않게 지하로 밀려나는 데 격분하여, 삭스피프스애비뉴가 임대계약을 어겼다며 4천만 달러 소송을 제기한 것이다. 까르티에 입장에서는 자존심이 무척 상했나보다.

금강산도 식후경이고, 입는 즐거움도 먹는 즐거움과 함께라면 금상첨화다. 삭스피프스애비뉴는 프랑스의 라비뉴L'Avenue 레스토랑을 미국에서 최초로 입점시키는 데 성공했다. 이미 이곳도 명소로 떠올랐다.

이러한 변화가 삭스피프스애비뉴에게 번성을 가져다 줄지 로드앤테일러의 전철을 밟을지는 두고 봐야 할 것이다. 하지만 현재까지는 출발이 순조롭다는 평가다.

뉴욕 백화점에 내 물건을 팔고 싶다면?

아르마니, 랄프 로렌은 무명의 브랜드였지만 바니스뉴욕 백화점과 블루밍데일즈 백화점을 거치면서 세계적인 브랜드로 엄청난 성공을 거두었다. 개성을 중시하는 뉴욕의 백화점들은 아직도 제2의 아르마니와 랄프 로렌의 성공을 기다리고 있을 것이다. 그렇다면 우리나라 디자이너의 옷이 세계 최고의 명품 백화점에 들어서기 위해선 어떤 과정이 필요할까?

'목마른 사람이 우물을 파는 법'이라고 나는 기세 좋게 버그도프굿맨의 패션오피스 및 비주얼 프레젠테이션 수석부사장인 린다 파고Linda Fargo에게 연락했다. 내 연락을 받자마자 그녀는 선뜻 만나주겠다고 약속을 해주었다…'라면 얼마나 좋았을까! 물론 끈질기고 간곡하게 연락을 한 끝에 겨우 30분의 시간을 얻어낼 수 있었다. 뉴욕 패션계에서 가장 영향력 있는 인물이자, 가장 바쁜 사람인 린다 파고를 만난다는 것만으로도 흥분되는 일이었다.

그녀는 평소에 아르마니, 디올 같은 디자이너의 최신 작품을 검토하기도 하지만, 수많은 신예 디자이너들과도 씨름한다. 패션쇼에 직접 가서 마음에 드는 디자이너를 발굴하기도 하고, 여러 디자이너의 옷들을 걸어놓고 백화점 등 소매상들을 상대로 중계해주는 맨해튼의 쇼룸에 직접 방문하기도 한다. 또 해외출장 중에도 그녀의 촉이 움직이는 제품이라면 주저 없이 주문하기도 한다.

쇼룸
show room
각종 제품을 전시하고, 판매하는 장소. 브랜드의 쇼룸은 제품의 특징과 성능 등을 소비자와 관계자에게 전달하여 구매의욕을 촉진한다.

제이슨 우
Jason Wu
대만 출신의 패션디자이너. 오바마 대통령의 영부인인 미셸 오바마가 취임식 파티에서 그의 드레스를 입으며 화제가 되었다.

조엘 A. 로젠탈
Joel A. Rosenthal
뉴욕 출신의 보석 디자이너. 작은 보석을 촘촘하게 박아 넣는 파베(pavé) 기법으로 유명하다.

예를 들면 그녀는 10년 전에 한 패션쇼에서 이거다 싶은 디자이너의 제품을 발견하고, 바로 매장 내에 그의 컬렉션 코너를 마련해주었다고 한다. 그가 바로 지금 한창 잘나가는 제이슨 우다. 또 파리 출장 중에 리츠칼튼 호텔의 한 부티크에서 보석 디자이너 조엘 A. 로젠탈의 꽃무늬 귀걸이를 보고 버그도프굿맨에 제공해달라고 주문하기도 했다.

삭스피프스애비뉴의 인터넷 매장인 삭스닷컴Saks.com에서 컨템포러리 패션을 담당하는 한 바이어의 말은 조금 더 구체적이다. 우선 백화점 매장 고객과 삭스닷컴의 고객은 연령이 10살 정도 차이가 난다. 물론 삭스닷컴의 고객이 더 어리다. 백화점 바이어는 판매의 책임을 지고, 실적에 따라 평가를 받기 때문에 검증되지 않은 신예 디자이너의 제품을 구매하기를 꺼려한다. 그래서 인터넷몰보다는 컨템포러리 패션(최신 유행의 새로운 패션)의 제품이 적은 편이다.

삭스닷컴의 바이어는 자신이 구매하는 브랜드만 80여 개라고 했다. 미국에서 인지도가 전혀 없는 한국 디자이너들이 삭스피프스애비뉴 백화점에 납품하려면 디자인이 독특하고 차별화되어야 하는 것은 물론, 가격대도 맞아야 한다고 강조했다. 미국시장에 대한 사전조사를 기본으로 자신의 제품이 미국의 어느 브랜드와 경쟁할 것인지 등을 명확하게 제시해야 하는 것도 중요 사항 중 하나이다.

더불어 삭스닷컴의 경우는 판매실적을 주 단위로 체크하여 잘 팔리는 디자인은 추가로 주문하고 팔리지 않는 디자인은 반품하는데, 한국 디자이너들이 이러한 상황에 유연하게 대처할 수 있도록 준비해야 한다고 설명했다. 이건 삭스닷컴에서 물건을 구입한 사람들의 반품률이 50퍼센트인 것을 보면 쉽게 이해할 수 있다. 고객들은 직접 입어볼 수가 없으니 비슷한 사이즈를 여러 개 주문하고 나머지는 반품한다. 소비자들은 편하지만 판매하는 입장에서는 골치 아픈 일이 아닐 수 없다. 하지만 이런 여러 가지 어려움에도 불구하고 뉴욕의 백화점에 입점하게 된 디자이너들은 자부심을 가지게 된다. 그곳에서 제품을 판다는 것은 곧 전 세계를 상대로 하는 시장의 중심에 서 있다는 의미이기 때문이다.

일반매장과 아울렛의 시너지

세계 최고의 럭셔리 백화점이라는 이미지는 백화점 자체 브랜드도 명품일 거라는 인식을 낳는다. 그야말로 명품 이미지를 사용한 영업이다. 백화점들이 스토어 브랜드를 출시하는 이유는 자명하다. 백화점에서 명품 브랜드의 제품을 직접 구매하고 판매하다 잘 팔리지 않으면 그 브랜드의

> **스토어 브랜드**
> **store brand**
> 백화점이나 전문점, 소매업자가 직접 기획하여 만든 브랜드를 뜻한다.

재고를 고스란히 책임져야 한다. 하지만 스토어 브랜드 제품은 잘 팔리면 높은 수익을 만들어주는 효자상품이 될 뿐만 아니라, 브랜드의 횡포를 미연에 방지해줄 수 있는 안전장치가 된다.

삭스피프스애비뉴 백화점은 지난 2009년부터 '삭스피프스애비뉴: 맨즈컬렉션Saks Fifth Avenue Men's Collection'이라는 자체 브랜드를 만들었는데, 지금은 백화점 남성복 브랜드 중에서 가장 많이 팔리는 브랜드가 되었다. 삭스피프스애비뉴의 스토어 브랜드는 경쟁 브랜드보다 50퍼센트 저렴한 수준의 가격으로 판매하고 있다. 블루밍데일즈 백화점도 2009년 '블루밍데일즈: 더맨즈스토어Bloomingdale's: The Men's Store'라는 자체 브랜드를 만들어 경쟁 브랜드에 비해 30~40퍼센트 낮은 가격으로 판매하고 있다.

바니스뉴욕의 자체 브랜드인 '바니스 뉴욕Barneys New York'은 아주 짭짤한 수입원이다. 매출의 상당 부분을 차지하고 있을 뿐만 아니라 자체 브랜드를 한국과 중국에까지 수출하고 있다.

백화점 자체 브랜드가 안전장치 같은 개념이라면 백화점에서 운영하는 아울렛은 일종의 뒤처리 개념이라고 할 수 있다. 앞서 말했듯 이들 백화점은 재고를 직접 처리해야 하기 때문에 대대적인 시즌오프 세일을 해도 재고가 남는다. 그래서 이 재고를 처리할 방법의 일환으로 자체 아울렛을 운영한다. 삭스피프스애비뉴, 블루밍데일즈, 바니스뉴욕, 노드스트롬 등은 백화점과 아울렛 매장을 동시에 운영하고 있다. 물론 아울렛은 주로 교외에 있는 쇼핑몰에 있다.

삭스피프스애비뉴의 아울렛 매장인 오프피프스Off5TH는 현재 133개로, 일반매장(41개) 숫자보다도 많다. 브랜드 제품을 싸게 살 수 있는 아울렛 매장은 최근에 아울렛 쇼핑몰까지 규모가 커져 1년 내내 최대 55퍼센트까지 할인판매를 하고 있다.

고객에게
황홀함과 편안함,
그리고 새로움을 제공하라!

✔ **한 편의 영화를 생각해보자.** 자신을 매혹시켰던 영화라면 더 좋다. 불이 꺼지고 스크린에 떠오른 세계로 우리는 단숨에 들어가게 된다. 특별한 세계를 경험하는 것. 내가 5분 전까지 있었던 구질구질한 동네가 생각나지 않을 만큼 새롭다면 더 몰입할지도 모르겠다.

뉴욕에 있는 이런 백화점들은 어떨까. 문을 열고 들어가는 순간 평소에는 볼 수 없던 화려한 조명과 세련된 실내장식, 눈길이 가는 우아하고 멋진 제품, 친절하게 맞아주는 사람들까지. 이 모든 것은 마치 내가 특별한 사람이 된 것 같은 느낌을 준다. 바로 그것이 뉴욕 럭셔리 백화점들의 마케팅 전략이다. 그들에게서 배울 수 있는 인사이트를 요약해보자.

첫째, 그들은 상품과 디자인 선정 면에서 주도권을 쥐면서 개성과 특색을 내세운다. 자신들이 추구하는 이미지에 맞는 제품만을 취급하는 것이다. 따라서 고객들은 백화점이 보는 안목을 믿고 찾아온다. 자연스럽게 백화점별로 단골이 형성된다. 가령 바니스뉴욕은 백화점 콘셉트에 맞다면 새로운 디자이너의 브랜드도 과감하게 들여놓는다. 그래서 한국의 오즈세컨O'2nd 브랜드(현재는 철수)나 분더숍Boon The Shop이 전혀 알려지지 않았음에도 이곳에 진출할 수 있었다. 매출을 염두에 두어야 하는 백화점으로서는 모험이다.

둘째, 고객을 위한 철저한 배려다. '소비자는 왕'이라는 격언처럼 고객에게 최상의 쇼핑환경과 서비스를 제공하면서 자연스럽게 구매욕과 충성도를 자극한다. 가령 백화점 내에서 호객행위를 절대 하지 않는다. 고객이 원할 때 비로소 다가가 도움을 준다.

셋째, 백화점의 럭셔리 이미지를 활용하여 스토어 브랜드를 개발했다. 기존 브랜드로의 종속에서 벗어날 수도 있고, 수익도 더 올리는 일석이조의 방법이다. 물론 성공한다는 전제하에서인데, 이미 삭스피프스애비뉴 백화점의 남성복 자체 브랜드는 가장 많이 팔리고 있다.

넷째, 아울렛 매장 등 자체 재고처리 루트를 만들어놓았다. 그렇기 때문에 안 팔린 제품을 몽땅 납품업체에 반품하는 치사한 방법을 가급적 자제한다.

다섯째, 과거의 명성과 고정관념에 의존하지 않고 새로운 조류와 유행에 맞추어 변신한다. 삭스피프스애비뉴, 바니스뉴욕 등은 이전 시즌에 잘 팔린 제품에 대한 통계에 의존하기보다, 어떤 새로운 아이템 혹은 신생 브랜드가 고객을 유혹할 것인지에 대한 직관을 적극 활용하는 모험도 불사한다. 매 시즌 브랜드를 평가하여 일정 수의 브랜드를 버리고 새로운 브랜드를 영입한다.

알뜰한
뉴요커가 찾는
비밀 쇼핑 장소

뉴욕 맨해튼의 센츄리21 백화점 본점.

마트에서 쇼핑하듯이 신상 명품을 살 수 있는 사람이 아니라면, 럭셔리 백화점은 그저 아이쇼핑을 위한 공간으로 족하다. 세일을 한다고 하더라도 명품은 입이 떡 벌어지는 고가이기 때문이다. 하지만 이왕 명품을 하나 구입하고 싶다면 추천할 만한 곳이 있다. 뉴욕 토박이들의 비밀 쇼핑 장소, 바로 할인매장이다.

이곳에 가면 잘 알려진 브랜드 제품을 대략 30퍼센트부터 70퍼센트까지 할인된 가격으로 구입할 수 있다. 아울렛이 교외에 있는 것과는 달리 이 매장들은 시내에 있다. 일반매장과 할인매장이 같이 있는 셈인데, 철 지난 제품을 파는 할인매장이 일반매장과 직접 경쟁은 되지 않는다 하더라도 꽤 희한한 광경이다. 어쨌거나 고객은 싸게 살 수 있어서 좋지만 말이다.

보물찾기의 재미를 선사하라!

명품을 싼값에 구입하고자 하는 사람들의 욕망은 예나 지금이나 마찬가지다. 특히 요즘같이 경제가 어려울 때는 말이다.

센추리21 백화점 내부.

3장 럭셔리 마케팅, 횡재한 고객, 황홀한 매출

〈섹스 앤 더 시티〉 주인공들의 단골 쇼핑 장소로 소개된 센추리 21Century 21 백화점은 캐리 같은 뉴요커뿐만 아니라 관광객들에게도 널리 알려져 있다. 백화점이긴 하지만 뉴욕의 럭셔리 백화점을 상상하면 곤란하다. 이곳은 횡재를 찾는 곳이라 셀프서비스가 기본이다. 게다가 전 세계에서 몰려든 사람들로 언제나 북적거리기 때문에 몸 부딪치는 것쯤은 각오해야 한다.

1961년에 처음 문을 연 센추리21은 맨해튼에 2개 매장이 있다. 세계무역센터 근처에 플래그십 스토어가 있고, 링컨스퀘어에 2012년에 개장한 지점이 있다. 아울러 브루클린, 롱 아일랜드, 뉴저지, 필라델피아, 플로리다에도 매장이 있다.

센추리21 플래그십 스토어에는 부티크 스타일의 새로운 콘셉트의 매장이 붙어 있다. 2017년 10월 문을 연 넥스트센추리Next Century이다. 이곳은 보다 젊은 세대가 타깃이다. 발렌시아가, 구찌, 디올 같은 럭셔리 브랜드는 물론 아담셀먼Adam Selman, 올림피아르탱Olympia Le-Tan, 트레이드마크Trademark, 메종메일Maison Mayle, 프로엔자슐러Proenza Schouler 같은 신세대 브랜드들을 발견할 수 있다. 센츄리21은 이 실험이 성공할 경우 다른 매장에도 적용한다는 계획이다.

상품 하나에 세 사람이 행복한 중고 명품숍

센추리21이 철지난 명품(새것)을 브랜드 업체들로부터 직접 구매해 마진을 붙여 파는 것이라면, 남이 쓰던 중고 명품을 매매하는 가게가 있다. 이들은 직매입도 하지만, 주로 위탁판매 수수료로 운영하고 있기 때문에 컨사인먼트숍Consignment Shop이라고 부른다. 중고 명품 위탁판매 비즈니스는 밀레니얼로 불리는 젊은 층의 명품 소유 열망을 등에 업고 날로 번창하고 있다.

대표적인 곳이 마이클스Michael's(1954년), 이나INA(1993년), 윗고즈어라운드캄즈어라운드What Goes Around Comes Around(1993년), 더리얼리얼The

3장 럭셔리 마케팅, 횡재한 고객, 황홀한 매출

Real Real(2011년) 등이다. 특히 실리콘밸리 스타트업 펫츠닷컴Pets.com의 사장을 역임했던 줄리 웨인라이트Julie Wainwright가 창업한 더리얼리얼은 상장IPO을 계획할 정도로 성업 중이다.

이 분야에서 가장 오랜 역사를 가지고 있는 마이클스의 비즈니스 모델을 보자. 여성 중고 명품 전문점인 이곳에서는 출시 2년 미만의 초일류 브랜드를 주로 취급한다. 단, 샤넬, 에르메스 등은 2년 이상이라도 받아준다. 개인이 쓰던 명품을 가져오면 신분과 진품 여부를 확인하고 직매입 혹은 위탁판매를 한다. 판매가격은 고객과 협의를 통해 결정하며, 처음 한 달 간 희망가격에 팔리지 않으면 다음 달부터 매달 20퍼센트씩 할인된 가격으로 팔고, 3개월 후에는 50퍼센트 할인 판매한다. 그래도 안 팔리면 판매를 중단한다. 판매수수료는 최종판매가격의 50퍼센트로 할인율이 매우 높다.

흥미로운 점은 여기서는 브랜드 서열과 인기가 확실하게 정해진다는 것이다. 부동의 스테디셀러는 샤넬, 에르메스, 루이비통이다. 그리고 요즘에는 알렉산드로 미켈레Alessandro Michele가 크리에이티브 디렉터로 들어온 이후 구찌가 인기라고 한다. 이걸 가져가면 잘 팔리기 때문에 수수료를 덜 뗀다. 그리고 오래됐어도 '빈티지'라고 불리며 판매가 된다. 그러나 그 외에 다른 브랜드들은 오래되었을 경우 아예 취급하지 않는 곳이 많다.

어떤 브랜드들은 오래되면 골동품이 되지만, 어떤 브랜드들은 그저 쓰레기가 되는 것이다. 어쨌든 중고 명품숍의 소비자는 물건을 싸게 사서 좋고, 명품 주인은 쓰지 않는 물건을 돈으로 바꾸니 좋다. 또한 위탁판매점은 수수료를 챙겨서 좋으니, 가히 일석삼조의 비즈니스 모델이다.

그러나 좋은 일에는 나쁜 일도 따르는 법. 중고 명품의 경우 사실 아무리 전문가가 진품 인증을 한다고 하더라도 워낙 위조품이 정교해 졌기 때문에 위조, 모조상품 이슈에서 자유로울 수 없다는 게 위험요소이다. 샤넬은 2018년 3월에 "세계에서 가장 많은 중고 샤넬제품을 보유하고 있다."고 자랑해온 윗고즈어라운드캄즈어라운드(이하 WGACA)를 상대로 WGACA가 위조상품 판매는 물론 마치 샤넬과 공식적 관계가 있는 것처럼 소비자들을 기만하고 있다며 소송을 제기했다. 또 2018년 11월에는 더리얼리얼을 대상으로 역시 위조상품 판매 및 상표권 위반 혐의로 제소했다.

샤넬은 중고 명품 비즈니스 업체들이 샤넬 진품 인증을 하는 것은 불가능하며 "오직 샤넬만이 진품 여부를 가릴 수 있다."고 주장한다. 대단한 자부심이다. 이에 대해 WGACA와 더리얼리얼은 샤넬의 행동은 순환경제circular economy의 일환인 중고품 매매 비즈니스를 죽이기 위한 것이라고 주장하고 있다. 문제는 법정에서 샤넬의 주장이 근거가 없는 것으로 밝혀지더라도, 자금이 풍부한 샤넬은 자신의 독점적 비즈니스를 지키기 위해 영세한 중고 명품업체들을 대상으로 계속 소송을 남발할 가능성이 크다는 데 있다. 중고 명품업계가 샤넬의 위협에서 벗어나 사업을 계속할 수 있을지 귀추가 주목되고 있다.

소비자가
횡재했다는
느낌을 받게 하라!

✔ **미국에서 브랜드 할인매장** 및 중고 명품숍과 같은 순환경제 모델이 성업하는 이유는 소득 불균형 현상과도 관련이 깊다. 이건 우리나라도 예외가 아니다. 중산층이 줄어들면서 소비가 양극화되고 있고, 젊은이들은 명품을 갖고 싶어도 여력이 없어서 새것을 사기 어렵기 때문이다. 차선책으로 할인매장이나 중고 명품숍을 찾는 것이다.

불황을 견디고 살아남은 브랜드의 할인매장들과 백화점 아울렛 사이의 경쟁은 팔 사람은 많고 재고는 제한돼 있다는 의미이다. 팔 사람은 많고 재고는 한정되어 있으니 브랜드 재고품을 누가 신속하게 많이 구하느냐가 사업의 성패를 좌우한다. 재고품을 확보할 수만 있다면 이런 비즈니스 모델은 분명 승산이 있다.

앞서 말했듯 디자이너 브랜드에 대한 소비자들의 욕구가 분명히 존재하고 있지만 모두가 정상 가격을 주고 살 만큼 부유하지는 않기 때문이다. 철 지난 브랜드 제품이라도 갖고 싶어 하는 사람들이 있고, 경제가 어려워짐에 따라 그 수요가 점점 늘고 있는 것이다.

우리나라에도 요즘 들어 교외 지역에 아울렛이 많이 생기고 있다. 넓은 공간과 세련된 인테리어, 식당, 극장 등 다양한 여가를 즐길 수 있는 복합 쇼핑몰 역할을 하는 아울렛에서 가장 중요한 것은 무엇일까? 바로 사람들이 찾는 '그' 물건이 있느냐 없느냐이다.

2014년 초 지인 중 한 분이 센추리21 백화점에서 마크 제이콥스의 2,400달러짜리 코트를 단돈 400달러에 건졌다며 좋아했다. 이처럼 아울렛을 찾는 이유 중 하나는 평소 가지고 싶었던 고가의 명품을 싼값에 사기 위해서이다. 이번엔 꼭 하나 구입하겠다며 전의를 불태우고 할인매장에 갔는데, 막상 찾는 브랜드가 보이질 않고 2류, 3류 브랜드 제품만 있다면 아울렛을 다시 찾을 이유가 없어진다. 소비자들에게 횡재했다는 느낌을 주는 것이 할인매장의 성패와 직접 연결되어 있다고 해도 과언이 아니다.

뉴욕의 비즈니스 모델을 주로 의류업계에 기대어 설명했지만, 적용할 수 있는 아이템은 무수히 많을 것이다. 핵심은 소비자의 심리를 간파하는 데 있다. 소비자는 저렴한 물건을 싸게 샀다고 해서 즐거워하지 않는다. 비싼 가치가 있다고 생각하는 것을 저렴하게 얻게 되었을 때 비로소 횡재했다는 생각을 하게 된다. 철 지난 명품 혹은 중고 명품 취급 비즈니스를 고려하고 있다면 꼭 '횡재'라는 단어를 기억하자. 그리고 소위 짝퉁의 유혹을 과감히 뿌리쳐야 소송당할 위험에서 벗어난다.

보석의 천국,
맨해튼
다이아몬드 디스트릭트

2012년 8월, 한창 여름휴가를 즐기고 있을 때의 일이다. 예비 며느리에게 다이아몬드 반지로 점수를 따고 싶다며 함께 반지를 사러 가자는 지인의 부탁이 있었다. 부탁과 동시에 생각난 곳은 바로 5번 애비뉴의 티파니Tiffany였다. 영화 〈티파니에서 아침을〉은 이렇게 시작한다. 검은 드레스에 선글라스를 낀 오드리 헵번이 티파니 매장 앞에서 빵과 커피로 아침 식사를 하는 장면이다. 정말이지 영화 제목과 딱 떨어지는 오프닝 아닌가! 그런가 하면 영화 〈시애틀의 잠 못 이루는 밤〉의 남자 주인공이 여자 주인공 멕 라이언에게 반지를 사준 곳도 바로 티파니였다.

하지만 내 이런 기대와는 달리 지인은 5번 애비뉴와 6번 애비뉴 사이의 47번 스트릿의 다이아몬드 디스트릭트NYC Diamond District로 가자고 말했다. 아니, 그럴 거면 안내는 왜 부탁하는지! 지인의 주장은 이랬다. 티파니는 보석의 품질은 별로인데 브랜드 값 때문에 비싸다는 것이었다. 어쨌거나 돈 쓰는 쪽은 내가 아니었기 때문에 지인의 주장에 따라 47번 스트릿으로 향했다. 그러나 내심 걱정이 앞섰다.

나는 예전에 벨기에에서 연수 및 근무 등으로 7년 동안 체류했었다. 그때 다이아몬드 가공 및 교역의 중

앤트워프 Antwerp
벨기에 북부에 있는 위치한 도시로 항구도시, 상업도시로의 명성과 함께 세계 최대의 다이아몬드 가공도시로 알려져 있다.

심지인 앤트워프도 몇 차례나 방문하여 다이아몬드 가공 현장을 직접 가서 보고, 지인들이 다이아몬드 사는 것을 도와주기도 했었다. 당시에 다이아몬드의 가격이 어떻게 책정되는지 대략 배우기는 했다. 그런데 결정적인 문제는 다이아몬드의 품질을 육안으로 확인하는 것이 거의 불가능하다는 점이었다. 파는 쪽에서 속이려 들면 꼼짝없이 그냥 당하고 마는 것이 바로 보석 구매이다. 그래서 나는 다이아몬드의 품질이 떨어지더라도 차라리 믿을 수 있는 브랜드 제품을 사는 게 속 편하다고 생각했다.

여하튼 걱정 반 기대 반, 지인과 나의 다이아몬드 구입 여정이 본격적으로 펼쳐졌다. 47번 스트리트에 도착하자 입구부터 보석상들이 줄지어 있었고, 곳곳에서 검은 의복의 유태인들을 볼 수 있었다. 뉴욕의 다이아몬드 거래는 유태인이 꽉 잡고 있다더니, 그 말이 실감 났다.

제일 먼저 들어간 곳은 'National Jewelers Exchange'라는 상점이었다. 겉보기와는 달리 안은 마치 전시장의 부스처럼 조그만 가게들이 가득 들어차 있었다. 그중 한 곳을 골라 지인이 원하는 크기의 다이아몬드를 보여달라고 부탁하자 판매직원이 원하는 가격대를 물었다. 여기서 잠깐! 이때 순진한 얼굴로 내가 원하는 가격대를 말하는 순간 알뜰 쇼핑은 끝났다고 보면 된다. 그건 곧 흥정의 주도권을 판매자에게 넘기는 일이기 때문이다. 절대로, 먼저 가격대를 얘기해선 안 된다. 우리는 원하는 가격대는 은밀하게 감춘 채 직원의 안내대로 여러 품질의 다이아몬드를 살펴보았다. 직원은 현미경까지 건네주며 열심히 설명했다. 확실히 가격은 품질에 따라 엄청난 차이가 있었다.

다음으로 방문한 곳은 'World's Largest Jewerly Exchange'라는 가게였다. 역시 이곳에서도 주의할 것은 먼저 원하는 크기를 대고 가격대를 알아보는 것이다! 조금의 차이는 있었지만 가격대는 이전 상점과 비슷했다.

우리 둘은 어떤 곳에서 구입할지 고민하기 위해 커피숍으로 갔다. 가는 길에도 몇 명의 호객꾼들이 다이아몬드를 구입하러 왔는지 묻고 갔다. 커피 한잔을 하며 고심한 끝에 첫 번째 가게가 더 신뢰가 간다는 데 의견이 일치했다.

나는 직원에게 명함을 주면서 이번 거래를 잘해주면 앞으로 더 많은 손님을 데리고 올 거라면서 구차하게 설명했다. 조금 구차하면 어떤가, 싸게 사면 장땡인 법이다. 그런데 그 전략이 통했는지 몰라도 처음 제시한 가격에서 20퍼센트 할인된 가격으로 구입할 수 있었다. 보증서와 영수증을 챙겨 나오면서 지인은 거금을 벌었다며 좋아했다. 나도 어깨를 으쓱하며 기분 좋은 표정을 지었다. 그러나 지금에서야 하는 말이지만 우리가 제대로 샀는지는 여전히 미궁 속에 빠져 있다. 그 직원이 '손이 눈보다 빠른' 타짜 같은 직원이었다면, 속고도 속은 줄 모르고 즐거워했을 테니 말이다. 그래도 시아버지에게 다이아몬드 반지를 받게 될 예비 며느리의 표정을 생각하면 조금 속았던들 어떠랴!

똑소리 나게 다이아몬드 구입하기

아직 세상엔 좋은 사람이 더 많고, 세상은 살 만한 곳이라고 생각하시는 분에게도 뉴욕에서 다이아몬드를 구입할 때는 몇 가지 챙겨야 할 것들이 있다. 절대 손해 보는 일은 아니니, 참고하시라!

47번 스트리트에는 수많은 보석가게들이 있다. 단적으로 말해 미국으로 들어오는 다이아몬드의 90퍼센트 이상이 이곳을 거친다. 작은 독립상점까지 포함하면 약 4천여 개의 보석상점이 있는 셈이다. 물론 이렇게 많은 상점들을 모두 다 방문할 수는 없다. 하지만 다이아몬드를 살 때는 항상 여러 곳에서 가격을 비교해봐야 한다. 같은 모델이라도 가게마다 가격이 천차만별이기 때문이다. 다이아몬드는 물론이고 사파이어, 루비와 같은 유색 보석을 살 때는 그것이 인조인지 천연인지를 확인해야 한다. 또한 금이나 백금을 살 때도 반드시 보증서를 요구해야 한다.

뉴욕의 어떤 보석상이라도 20달러 이상의 보석을 구입할 때는 영수증을 요구할 수 있다. 75달러 이상이면 영수증에 구입한 보석의 종류와 가격, 세금을 표시하도록 요구할 수 있다. 또한 그 상점의 환불 및 교환정책에 대해서 반드시 물어봐야 한다. 만약 아무것도 기재되어 있지 않으면, 구입 후 20일 안에 환불이나 교환이 가능하다.

47번 스트리트에 있는 일부 보석상과 거래소에는 20퍼센트 세일, 50퍼센트 세일, 심지어 80퍼센트 세일까지 포스터를 붙여놓은 곳이 있다. 또는 도매가격으로 판매 혹은 할인한다는 문구도 볼 수 있다. 이러한 표시는 백화점이나 다른 쇼핑몰 내의 보석 할인 체인점에서도 볼 수 있는데, 곧이곧대로 믿으면 낭패다. 결론부터 말하자면 이런 가격에 파는 보석은 흠이 있는 제품들이다. "싼 게 비지떡"이라는 말이 있지 않은가. 흠이 있는 다이아몬드는 상품가치는 물론 투자가치도 떨어지기 때문에, 둘 다를 고려한다면 가격보다는 품질을 택하는 것이 올바른 방법이다. 할인가격에 구입하지 않았더라도 흠이 있는 물건을 사지 않기 위해서는 공인감정서가 있는 제품을 구입하는 것이 좋다.

인터넷이
파고들지 못한
아이템을 찾아라!

✔ **글로벌화, 인터넷 등 기술의** 비약적인 발전으로 대부분 산업 분야가 개방되고 디지털화가 진행되고 있다. 그런데 유독 다이아몬드 같은 귀금속 거래는 그러한 조류에서 예외로 남아 있다. 게다가 뉴욕의 다이아몬드 산업은 사실상 유태인이 독점하고 있다. 그렇다면 유태인들은 어떤 방법으로 그토록 오랜 기간 뉴욕의 다이아몬드시장을 장악하고 있는 것일까?

첫 번째는 다이아몬드 원석 채굴, 유통, 가공, 거래경로의 독점, 그리고 철저한 비밀주의 때문이다. 그들은 자기들만 아는 거래경로를 통해 자기들끼리만 거래한다. 그러면서 외부인의 개입을 철저히 배제하고 있다.

이러한 맥락에서 최근에 다이아몬드 가공 및 거래도시로 급격히 성장한 곳이 있다. 바로 이스라엘의 텔아비브 근처에 있는 라맛 간Ramat Gan이라는 도시이다. 라맛 간은 한 해 다이아몬드 수출액이 100억 달러가 넘고, 매출규모는 250억 달러에 달한다. 이렇듯 라맛 간이 다이아몬드 산업의 핵심 도시가 된 이유는 모국의 산업을 끌어주고 밀어주는 유태인들이 있기 때문이다. 시장을 독점한 유태인들 덕분에 현재 뉴욕으로 들어오는 다이아몬드의 상당량은 이스라엘에서 조달되고 있으며, 앞으로 더 늘어날 전망이다.

유태인들의 다이아몬드 사업방식은 마치 대기업들의 계열사 내부거래와 같다고 볼 수 있다. 따라서 다른 기업이나 사업체가 끼어들 수 있는 틈새가 없다. 우리나라가 한때 다이아몬드 가공산업을 육성하려다가 사실상 실패한 것도 다 이러한 진입장벽 때문이었다.

유태인이 다이아몬드시장을 장악할 수 있었던 또 하나의 비결은 소비자의 심리 때문이다. 다이아몬드로 대표되는 보석, 귀금속 산업은 상품이 워낙 고가이기 때문에 상호 신뢰와 이해를 바탕으로 하는 비즈니스 특성을 갖는다. 따라서 소매상과 연줄이 없는 일반 소비자들은 선뜻 인터넷 거래를 하기 어렵다. 눈으로 직접 보고 사야 마음이 놓이기 때문이다. 이러한 특성을 모를 리 없는 유태인들은 다이아몬드의 가장 중요한 판매장소인 뉴욕에 그들만의 성벽을 쌓아놓고 외부인의 시장진입을 죽기 살기로 막아내고 있다.

그러나 철옹성도 무너지는 법. 요즘 다이아몬드도 인터넷으로 구입하기 시작하고 있다. 블루나일Blue Nile, 제임스앨런James Allen, 브릴리언트어스Brilliant Earth 등이 대표적인 온라인 다이아몬드 및 주얼리 판매 사이트이다. 게다가 레어캐럿Rarecarat.com이라는 다이아몬드 가격비교사이트도 등장했다.

우리나라에서도 다이아몬드 거래는 여전히 오프라인 판매가 지배적이다. 모든 것이 온라인화되어가는 요즘, 이젠 우리도 전문적으로 다이아몬드 같은 귀금속 및 보석제품 온라인 판매 사이트는 물론 다나와(danawa.com)처럼 다이아몬드도 투명한 가격비교 사이트가 나올 때가 되었다. 누가 먼저 선점자 우위 first-mover advantage를 차지할 것인지가 관건이다.

Rare Carat™ | Diamond Search by IBM Watson™ | Buy Diamonds Online

4장

뉴욕이
세계 패션을
선도하는 이유

뉴욕으로
몰려오는
신예 디자이너들

2019년 2월 뉴욕패션위크에서 중국 패션디자이너 타오레이 왕과 포즈를 취한
티파니 트럼프, 마이클 블로스, 말라 메이플스.

2019년 2월 9일 토요일 뉴욕 맨해튼 스프링 스튜디오Spring Studios에 트럼프 대통령의 딸 티파니 트럼프, 티파니 트럼프의 남자친구 마이클 불로스, 그리고 티파니 트럼프의 엄마이자 트럼프 대통령의 둘째 부인이었던 말라 메이플스가 다정한 모습으로 나란히 앉아 있었다. 2019년 2월 13일에는 트럼프 대통령의 장남 도널드 트럼프 주니어가 스프링 스튜디오에 모습을 나타냈다. 대체 무슨 행사이기에 대통령 가족들이 참석한 것일까? 바로 뉴욕패션위크 일환으로 열린 중국 패션디자이너 타오레이 왕Taoray Wang과 말레이시아 패션디자이너 장 토이Zang Toi의 패션쇼를 보기 위해서였다.

도널드 트럼프는 대통령이 되기 전인 2013년 9월 14일에 "뉴욕패션위크는 정말 형편없다. 예전에는 성대하고 흥미진진했었는데 지금은 스타들도 없고 재미도 없고 지루할 뿐이다. 진정한 도움이 필요하다."라고 트윗을 날렸었다. 그래서인지는 몰라도 뉴욕패션위크에 트럼프 가족들이 총 출동한 것이다. 사실 트럼프 대통령은 뉴욕 출신의 가장 잘 알려진 명사이기에 그의 가족들이 뉴욕패션위크에 참석하는 것은 어찌 보면 의무라고도 할 수 있다. 우리나라도 '콘셉트코리아'라는 이름으로 뉴욕패션위크에 매년 참석한다. 다음에는 미국 대통령 가족이 우리 디자이너의 패션쇼에도 참석하게 되기를 기대해본다.

뉴욕에서 2월과 9월을 보낸 사람들이라면 아마 뉴욕패션위크에 대해 무감할 수는 없을 것이다. 그때만 되면 맨해튼 거리는 셀럽들과 온갖 패션으로 치장한 사람들로 북적이기 때문이다. 뉴욕패션위크는 패션계의 큰 행사이기도 하지만 일반인에게도 성대한 축제의 장이다.

문제는 최근 들어 뉴욕패션위크가 한국, 인도네시아, 중국, 말레이시아 같은 아시아 신예 디자이너들의 등용문이 되면서 상대적으로 미국의 주요 디자이너들 참가가 줄고 있다는 데 있다. 이는 당연히 뉴욕패션위크에 대한 사람들의 관심과 흥행에도 영향을 미친다.

트럼프가 언급한 것처럼 뉴욕패션위크에 셀럽들의 모습이 점점 드물어지는 대신 그 자리를 소셜미디어 인플루언서나 블로거들이 대신하고 있다. 요즘 패션업계에서 인플루언서들의 영향력은 거의 셀럽에 버금간다. 때문에 디자이너들은 뉴욕패션위크를 전후하여 영향력이 큰 소셜미디어 인플루언서나 패션블로거들에게 돈을 지불해가며 자신이 디자인한 옷을 입힌다. 그들이 각종 행사, 파티에 가거나 패션쇼 무대 옆 관중석에 앉아 있다가 그 옷을 입은 모습이 카메라에 찍혀 혹시라도 언론매체에 나오기를 기대하는 것이다. 아니면 그 옷을 입은 모습을 그들이 운영하는 인스타그램, 블로그 등에 올리기도 한다.

예를 들면 약 12만 3천 명의 인스타그램 팔로워를 보유하고 있는 뉴욕 패션블로거 우르줄라 마코우스카Urszula Makowska는 2019년 2월

뉴욕패션위크 기간 중 매번 다른 디자인의 옷을 입고 손정완Son Jung
Wan, 노니Nonie, 인도네시안 다이버서티Indonesian Diversity 등 5개의 패
션쇼와 3개의 파티에 갔다고 한다. 목적은 자신이 운영하는 인스타그
램에 올리는 것이다. 동시에 패션잡지나 언론매체에 사진이 찍혀 올
라가길 기대해서이다.

이렇듯 뉴욕패션위크는 다방면에서 전 세계 미디어
의 관심을 받고 있지만 상업성 면에서는 아쉬움이 남는
다. 패션쇼를 통해 옷을 구입하는 사람이 줄어들고 있기
때문이다. 이제 뉴욕의 패션쇼는 브랜드를 홍보하고 일
종의 유행을 창조하는 역할만 남은 것일까?

**유행 창조자로서의
뉴욕패션위크**
백화점이나 할인매장 등은 뉴
욕패션쇼를 모니터하여 앞으
로 유행할 디자인을 참고한
다. 그리고 자체 디자인팀에
서 비슷하게 만든 뒤 합리적
인 가격으로 판매하기도 한다.

그렇다면 실제적으로 판매가 이루어지는 곳은 어디일까? 뉴욕패션
위크가 열리는 링컨센터에서 몇 블록 떨어진 맨해튼 가먼트 디스트릭
트Garment District의 쇼룸으로 가보자. 이곳은 뉴욕을 세계 패션의 중심
지로 만든 곳이다.

디자이너에게 필요한 모든 것을 한곳에

뉴욕 그리고 패션. 이 두 단어에서 제일 먼저 상상할 수 있는 것은
어떤 '화려함'이 아닐까? 바로 5번 애비뉴처럼 명품숍이 즐비한 거리
말이다. 대체 뭐 때문에 가먼트 디스트릭트가 뉴욕 패션산업의 중심일

까? 눈치 빠른 독자들은 벌써 알아챘겠지만, 역시 나는 직접 가서 확인을 해야 직성이 풀린다!

　휘황찬란한 조명에 화려한 인테리어를 상상했던 나에게 가먼트 디스트릭트의 첫인상은 충격 그 자체였다. 초라하고 허름한 건물의 외관은 물론이고, 원단이나 단추, 액세서리 등을 파는 상점이나 의류도매상점들의 모습은 내가 짐작했던 5번 애비뉴의 화려한 플래그십 스토어와는 거리가 멀어도 한참 멀었다. 특히 어떤 한국인이 운영하는 패턴 및 샘플 제작공장과 완제품을 생산하는 봉제공장을 방문했을 땐 여기가 맨해튼인지 아니면 1980년대 우리나라 봉제공장인지 구분이 되지 않을 정도였다. 그래서 일반인이 보면 이곳이 패션산업과 당최 무슨 상관이 있는지 이해하기 어려울 것이다. 패션이라고 하면 일단 화려하고 멋있는 것을 생각하기 때문이다.

　하지만 겉모습과는 상관없이 가먼트 디스트릭트 내에는 캘빈 클라인, 제이슨 우, 마이클 코어스, 랄프 로렌 같은 우리에게 익숙한 디자이너와 브랜드의 스튜디오와 쇼룸이 약 1,500개 입주해 있다. 세계적인 디자이너들이 그곳에 자리를 잡고 있는 걸 보면 분명 이유가 있을 것이다. 그 이유를 알기 위해선 뉴욕에서 어떤 과정을 거쳐 옷이 만들어지는지 알아야 한다.

　여기 가상의 디자이너 '킴'이 있다. 옷에 대한 아이디어를 주체할 수 없는 신인 디자이너 킴은 열정적으로 스케치를 시작했다. 그리고 수

가먼트 디스트릭트의 전형적인 매장 건물로
1층은 의류매장, 2층은 봉제공장, 3층은 쇼룸이 입주해 있다.

많은 스케치 중 하나를 골라 샘플을 만들고자 한다. 샘플을 만들기 위해서는 원단, 실, 심지, 단추, 액세서리 등 원부자재가 필요하다. 이 모든 것을 구하기 위해 킴에게 필요한 것은 비행기나 택시가 아니라 튼튼한 다리뿐이다. 멀리 갈 것도 없다. 가먼트 디스트릭트 안에 킴이 필요한 전부, 아니 그 이상이 있기 때문이다.

원부자재를 구입한 뒤 킴이 할 일은 패턴의 시안을 만들어 마네킹

에 입혀 보고 최종적으로 확정하여 샘플을 제작하는 일이다. 샘플 제작은 일종의 제조업인데, 이 분야의 달인들도 모두 가먼트 디스트릭에 있다.

만족스러운 샘플을 들고 킴이 향하는 곳은 바로 쇼룸showroom이다. 쇼룸은 쉽게 말하면 패션 복덕방으로 디자이너와 도·소매상을 연결해 주고 수수료를 받는 곳이다. 물론 디자이너가 직접 운영하는 곳도 있지만 대개는 제3자가 운영하는 곳이 많다. 신예 디자이너인 킴은 옷을 만들어도 마땅히 팔 수단이 없기 때문에 쇼룸에 판매를 맡겨야 한다.

쇼룸을 통해 100벌의 옷을 주문받은 킴! '드디어 뉴욕이 날 알아주는구나!' 하는 감격도 잠시, 100벌이라는 소량 주문을 어떻게 해결해야 할 고민에 빠진다. 하지만 가먼트 디스트릭트에서는 30벌, 50벌, 100벌과 같이 소량 제작에 필요한 원단을 구입할 수 있을 뿐 아니라 실제로 제작하는 것까지 가능하다. 물론 가먼트 디스트릭트가 아니고서는 꿈도 못 꿀 일이다.

가먼트 디스트릭트의 생산성
최근의 조사에 따르면 뉴욕 디자이너들의 47퍼센트가 가먼트 디스트릭트에서 샘플을 만들고 있는 것으로 나타났다. 또한 지금은 대형 브랜드가 된 띠어리(Theory)도 여전히 물량의 30퍼센트를 이곳에서 생산한다.

만약 가먼트 디스트릭트가 아니었다면 우리의 신예 디자이너 킴은 어떻게 됐을까? 주문을 받고도 옷을 생산하지 못하는 기구한 운명에 처했을지도 모른다.

이러한 이유로 신예 디자이너들에게 가먼트 디스트릭트는 생명줄과 같다. 그래서 미국에서 활동하는 신예 디자이너 80퍼센트 이상이 이곳에 자리를 잡고 있다. 번뜩이는 아이디어를 제품으로 실현해주는 가먼트 스트릭트의 시스템이 뉴욕을 세계 패션의 중심으로 만드는 것이다.

패션업계에
원스톱 생태계를
제공하라!

✔ **2018년 12월 뉴욕시는** 가먼트 디스트릭트를 패션산업의 허브로 유지하기 위해 과감한 결정을 내렸다. 뉴욕시 가먼트 센터 비즈니스 개선 디스트릭트Garment Center BID 내의 부동산 소유자가 패션제조업자에게 공간을 임대해줄 경우 세제혜택을 주기로 한 것이다. 세제혜택 조건은 임대기간 최소 15년 이상, 임대면적 최소 2만 5천 평방피트 이상, 임대료는 최대 35달러/평방피트이다. 아울러 선셋파크 내의 메이드인뉴욕 캠퍼스에 20만 평방피트 규모의 가먼트 생산허브도 설립할 계획이다. 이렇게 되면 가먼트 디스트릭트의 고용규모도 현재 6만 6천 명에서 2021년에는 7만 2천 명으로 늘어날 것으로 예상하고 있다.

뉴욕 패션업계 스스로도 가먼트 디스트릭트를 지키기 위해 1993년부터 가먼트 디스트릭트 연맹을 결성, 사이트(garmentdistrict.nyc)를 운영하면서 가먼트 디스트릭트에 관한 모든 정보를 제공하고 있다.

민관이 협력하여 뉴욕을 세계 패션산업의 중심지로 발전시키기 위한 모든 노력을 경주하고 있는 것이다.

가먼트 디스트릭트에 형성된 특유의 패션생태계는 캘빈 클라인, 안나 수이, 마이클 코어스 같은 지금은 전설이 된 디자이너들을 배출했고, 신예 디자이너들의 꿈을 이루어지게 하고 있다.

　그렇다면 우리나라의 상황은 어떨까. 동대문패션타운관광특구는 전통시장과 현대식 쇼핑몰이 혼재된 31개의 대형상가. 3만여 개의 점포, 15만 명의 패션종사자들이 있고, 연간 800만 명이 넘는 관광객들이 찾아오고 있는 패션상권이자 관광명소이다. 이는 분명 뉴욕의 가먼트 디스트릭트를 훨씬 뛰어넘는 규모이다. 그러나 근본적인 차이가 있다면 동대문이 판매 중심으로 변하고 있다는 것이다. 반면에 가먼트 디스트릭트는 생산에서 판매까지 균형을 이루고 있다. 당신이 만약 패션디자이너라고 한다면 둘 중 어디서 일하고 싶은가? 답은 너무 쉽다.

　과거에 비해 패션제조업으로서의 명성은 쇠락해가고 있지만 뉴욕은 여전히 신예 디자이너들이 자생할 수 있는 생태계 역할을 해내고 있다. 디자이너 브랜드가 탄생하려면 이처럼 잘 갖추어진 서식지와 소비시장이 필요하다. 즉 디자이너의 스케치가 현지에서 구입한 원부자재를 사용하여 샘플로 만들어지고, 쇼룸을 통해 판매자로부터 주문을 받아 현지의 봉제공장에서 생산되고 공급되며, 현지 백화점 등에서 판매되는 생태계가 형성돼 있어야 한다.

패션계의
전설을 만든
사람과 인맥

가먼트 디스트릭트의 전설. 안나 수이Anna Sui의 디자이너로서의 인생은 직장에서 해고당하면서 시작됐다. 직장생활 중 그녀는 집에서 틈틈이 디자인한 옷을 뉴욕 패션전시회에 참가한 친구의 부스 한편에 걸어놓았다. 그런데 마침 백화점 바이어들이 관심을 가지기 시작했고, 몇 주 후에 그녀의 옷들이 〈뉴욕타임스〉 광고에 실린 것이다. 그것 때문에 안나 수이는 다니던 직장에서 짤렸다. 스포츠웨어 회사인 글레노라Glenora에서 일하던 안나 수이가 만약 회사에서 계속 일을 했다면, 단언컨대 지금의 안나 수이는 없었을 것이다. 위기는 역시 기회였던 것이다.

자신의 아파트에서 사업을 시작한 안나 수이는 스케치를 가먼트 디스트릭트로 가져가 제품으로 만들고 쇼룸을 통해 팔기 시작했다. 그럭저럭 가게를 꾸려나가던 1990년 가을, 파리에서 그녀의 인생에 특별한 행운이 찾아왔다.

안나 수이는 장 폴 고티에Jean Paul Gaultier의 쇼를 보러 가던 길에 마돈나를 픽업하기 위해 호텔로 갔다. 마돈나라는 이름에 걸맞

게 그녀의 방 안에는 전 세계에서 몰려든 최고급의 옷들이 산처럼 쌓여 있었다. 그런데 마돈나가 입고 나온 옷은 바로 안나 수이가 만든 검은색 베이비돌 드레스였던 것이다! 자신의 눈을 의심한 안나 수이는 처음으로 자신감을 갖게 되었다. 그 이듬해인 1991년에 그녀는 당시 최고 스타였던 나오미 캠벨, 린다 에반젤리스타 등의 도움으로 맨해튼에서 독자적인 패션쇼를 개최했고, 이름을 알리게 되었다.

2009년 미국패션디자이너협회CFDA; Council of Fashion Designers of America로부터 공로상을 받기도 한 안나 수이는 현재 의류뿐만 아니라 화장품, 향수, 스포츠웨어, 신발, 액세서리, 가구 등으로 브랜드를 확장하면서 메이시즈, 포터리반Pottery Barn 등과도 콜라보를 진행하고 있다. 해외에서도 인기가 높아 한국, 중국, 홍콩 등 전 세계 30여 개국에 진출하면서 대형 패션브랜드로 성공했다. 하지만 안나 수이는 여전히 가먼트 디스트릭트에 있는 38번 스트릿의 안나 수이 디자인 스튜디오Anna Sui Design Studio를 운영하고 있다.

여섯 다리만 건너면 모두가 친구다

〈프로젝트 런웨이〉라는 프로그램을 들어봤을 것이다. 단 한 명의 디자이너를 뽑는 서바이벌 프로그램으로 다니엘 보소빅Daniel Vosovic은 2005년 방영된 시즌 2에 참가해 2등을 했다. 워낙 인기 있는 프로그램인 데다 결과도 나쁘지 않았지만, 그게 곧 디자이너로서의 성공과 직결되는 건 아니었다.

다니엘 보소빅은 프로그램 이후 4년 반 동안 작은 회사에 들어가 보조 디자이너로 일하고, 크리에이티브 디렉터로서도 다양한 경험을 쌓았다. 그리고 2010년 자신의 이름을 딴 브랜드인 '다니엘 보소빅'을 론칭했다. 이후 미국패션디자인협회가 운영하는 인큐베이터 프로그램에 선정되어 다양한 지원을 받기도 했다. 하지만 그가 디자이너로서 이름을 알리기 시작한 것은 엠마 스톤, 엘리자베스 맥거번 같은 유명 연예인들이 그의 옷을 입기 시작하면서부터이다.

> **크리에이티브 디렉터**
> **creative director**
> 디자이너에 속해 있으면서도 마케팅이나 기획 등의 전반적인 경영업무도 함께 담당하는 사람이다.

엠마 스톤은 다니엘 보소빅의 옷을 어떻게 알게 되었을까? 여섯 다리만 건너면 모두가 친구라는 서양 속담처럼, 엠마 스톤과 다니엘 보소빅 사이에는 4개의 다리가 있었다. 바로 엠마 스톤의 보조 스타일리스트가 다니엘 보소빅의 친구의 친구였던 것이다. 우여곡절 끝에 엠마 스톤에게 도달한 다니엘 보소빅의 옷은 다행히 엠마 스톤에게 오케이 사인을 받았다.

엘리자베스 맥거번과의 연결고리는 조금 더 가까웠다. 그녀의 헤어와 메이크업을 담당하던 사람이 바로 다니엘 보소빅의 친구였기 때문이다. 그는 엘리자베스 맥거번에게 다니엘 보소빅의 옷을 소개해주었고, 그녀는 단번에 다니엘 보소빅의 팬이 되었다.

THE KIT.

by

Daniel Vosovic

그런데 2017년에 깜짝 놀랄 일이 벌어졌다. 다니엘 보소빅이 자신의 다니엘보소빅 브랜드를 과감하게 버리고 '더키트The Kit'라는 신규 브랜드를 들고 나온 것이다. "지금 디자인해서 지금 입는다Design Now, Wear Now"는 모토로, 시즌에 상관없이 고객이 일상생활에서 가장 필요한 머스트-해브must-have 아이템을 위주로 원하는 스타일과 색상을 즉시 공급한다는 전략이다. 요즘 새롭게 등장한 소비자 직판direct-to-consumer 라인의 신개념 패스트패션 브랜드로, 단품보다는 믹스와 매칭한 옷들을 주로 판매한다. 그의 새로운 도전에 뉴욕 패션업계가 주목하고 있다.

미셀 오바마의 드레스, 한 사람의 인생을 바꾸다

2009년 오바마 대통령의 취임식 무도회에서는 하얀색 쉬폰 드레스를 입은 미셀 오바마가 등장했다. 그리고 그건 한 사람의 인생을 완전히 바꿔놓았다. 내 이름으로 된 별이 떨어지는 것만큼이나 말도 안 되는 일이 일어난 것이다. 바로 제이슨 우Jason Wu 이야기이다.

제이슨 우는 타이완 출신의 이민자로 파슨스 스쿨에 진학한 뒤 디자이너 나르시소 로드리게즈의 인턴을 거쳐 자신의 아파트에서 본격적으로 사업을 시작했다. 다른 신예 디자이너들과 마찬가지로 제이슨 우도 가먼트 디스트릭트에서 옷을 생산하면서 자신을 알리기 시작했다. 그때 제이슨 우를 알아본 것이 고가의 수도꼭지 브랜드인 브리조Brizo였다. 제이슨 우는 이곳의 후원을 받아 패션쇼를 열 수 있었고, 점차 뉴욕의 떠오르는 디자이너로 인정받기 시작했다.

> **나르시소 로드리게즈**
> **Narciso Rodriguez**
> 뉴욕 출신의 패션 디자이너로 현대적인 세련미와 우아함이 특징이다. 여성복뿐만 아니라 그의 이름을 딴 향수도 유명하다.

제이미 킹, 케이티 홈즈, 제시카 알바 등 유명 연예인들이 제이슨 우의 옷을 입으면서 유명세가 더해졌지만 소위 대박이 터진 것은 미셀 오바마가 그의 옷을 입기 시작한 후였다. 패션잡지 〈보그〉의 자유기고가였던 앙드레 레옹 탈리Andre Leon Talley가 제이슨 우의 옷을 추천하면서 미셀 오바마가 대통령 취임식에 그의 드레스를 입게 된 것이다. 패션계가 경악한 것은 말할 것도 없거니와, 타이완 언론에서는 제이슨 우

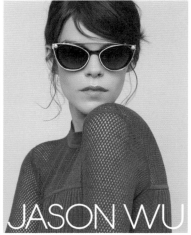

를 영웅으로 대서특필할 정도였다. 2013년 미셸 오바마가 다시 한번 제이슨 우의 드레스를 선택했을 때, 제이슨 우는 패션계에 자신의 이름을 확실히 알릴 수 있었다.

그러나 만사가 뜻대로 되지는 않는 법. 패션트렌드가 제이슨 우의 얌전한 숙녀 스타일에서 엣지 있고 캐주얼한 쪽으로 변했다. 설상가상으로 2016년과 2017년에 글로벌 경제가 나빠지면서 럭셔리 패션 브랜드 매출에 타격이 오기 시작했다. 이 과정에서 신예 디자이너 브랜드들은 지나치게 가격을 높게 책정했거나 상업적 히트작을 내지 못하면서 어려움을 겪고 있다. 제2의 캘빈 클라인, 랄프 로렌이 될 것으로 기대를 받던 제이슨 우도 비슷한 시기에 데뷔한 프로엔자 슐러Proenza Schouler, 로다테Rodarte, 알렉산더 왕과 함께 상당한 타격을 입었다.

이에 제이슨 우는 전략을 대폭 수정했다. 2018년 가을부터 1,200달러부터 7천 달러까지 가격대의 고가 라인 '제이슨 우 컬렉션Jason Wu Collection'과 200달러부터 900달러대의 중저가 라인 '제이슨 우Jason Wu'의 2원화 전략으로 나선 것이다. 그리고 브랜드를 홈, 식품 분야를 포함하는 라이프 스타일 브랜드로 확장하려는 계획을 세우고 있다. 제이슨 우가 역경을 딛고 제2의 캘빈 클라인으로 부상할지 두고 볼 일이다.

관계의 힘,
모든 비즈니스는
연출로 통한다!

✔ **앞에서 살펴본 것처럼** 안나 수이, 제이슨 우 등의 성공 뒤에는 패션계에서 주목하는 유명 인사들의 호응이 있었다. 그렇다면 한국 디자이너들은 과연 지드래곤에게 혹은 외국의 유명 연예인들에게 자신의 옷을 입힐 수 있을까? 지드래곤을 보고 있으면 불가능한 일은 아닌 것 같은데, 생각만큼 패션분야에서 세계적으로 유명한 한국 디자이너는 찾아보기 어렵다.

현재 뉴욕에 진출하려는 한국 패션디자이너들은 크게 두 가지 부류로 나눌 수 있다. 먼저 한국이 주 무대이면서 뉴욕에 진출하려는 디자이너들은 정부의 직간접적인 지원을 받아 뉴욕패션위크, 패션전시회에 출품하여 진출을 시도한다. 또는 쇼룸을 통해 현지 백화점 혹은 개인이 운영하는 편집숍 같은 곳으로 진출하기도 한다. 그런데 지금까지 실적은 오즈세컨이 바니스뉴욕에서, 플랙Plac이 삭스피프스애비뉴에서 잠시 팔리다가 사라졌다. 이랜드그룹의 후아유도 맨해튼에 단독매장을 냈다가 문을 닫았다. 뉴욕 패션업계는 그야말로 적자생존의 원칙이 적용되는 곳이다. 그런데 국내 의류 편집매장 브랜드 에이랜드ALAND가 2018년 8월 뉴욕 브루클린 윌리엄스버그에 1호점을 냈다. 국내 신인 디자이너 옷은 물론 현지 디자이너 브랜드도 함께 팔고 있다. 용감한 도전이 과연 성공할 것인지는 두고 볼 일이다.

파슨스 디자인스쿨을 졸업한 한국 디자이너들은 랄프 로렌부터 웨더프루프Weather Proof에 이르기까지 여러 패션브랜드 회사에서 디자이너로 활동하거나, 드물게는 자체 브랜드를 론칭하기도 한다. 사실 알렉산더 왕, 제이슨 우와 같이 중국

계 젊은 디자이너들이 이름을 떨치고 있는 것에 비하면, 그리고 뉴욕 패션기술대학
FIT; Fashion Institute of Technology이나 파슨스 디자인스쿨을 졸업한 한국인의 숫
자에 비하면, 패션업계에서 한국인의 활약상은 매우 저조한 편이다. 문제가 뭘까?

바로 네트워킹이다. 성공한 대다수 디자이너들은 가먼트 디스트릭트에서 각계
각층의 사람들과 관계를 맺으며 밑바닥부터 시작했다. 이러한 인간관계는 곧 브랜
드의 홍보로 이어진다. 디자이너가 디자인만 해서는 결코 비즈니스에 성공할 수 없
다. 유명 잡지의 편집장, 패션기자, 저명인사, 연예인, 혹은 연예인의 보조 스타일리
스트라도 소개받을 수 있는 관계의 힘이 필요한 것이다. 여기에 다니엘 보소빅, 제
이슨 우의 사례에서 보듯이 뉴욕 패션업계에서는 끊임없는 혁신과 독특함, 새로움
이 없으면 금방 외면 받는다는 것을 명심하자.

5장

뉴요커를
유혹하는
한인 비즈니스

한식,
입맛 까다로운
뉴요커를 사로잡다

2012년 12월 31일, 나는 맨해튼 타임스퀘어 광장에서 펼쳐졌던 공연 하나를 잊을 수 없다. 끝내주는 몸매의 여자 가수도 아니면서 왜 그렇게 가슴 뭉클한 감동으로 기억되느냐 하면, 바로 우리나라 가수 싸이의 공연이었기 때문이다. 물론 〈강남스타일〉의 인기는 벌써 한 차례 지나간 것으로 여겨지지만, 그 당시엔 정말이지 엄청나다고 밖에는 설명할 수 없었다.

나는 싸이의 사돈의 팔촌도 아니지만 내 주변 사람들 백이면 백, 모두 〈강남스타일〉 얘기를 꺼냈다. 어떤 사람들은 시키지도 않은 말춤을 추는 바람에 이건 뭐 같이 출 수도 없어서 당황하기 일쑤였다. 하지만 모두 기분 좋은 당황이었다. 그리고 방탄소년단이 뒤를 이었다. 2018년 10월 6일 뉴욕 퀸즈 시티필드 스타디움에서 열린 방탄소년단 공연을 위해 뉴욕시교통청은 지하철 노선을 증설 및 변경시켜 주기까지 했다.

한국이라는 나라를 잘 알지 못하던 사람들에게 싸이와 방탄소년단은 곧 한국이라는 국가 인지도 확산에 어마어마한 영향을 끼쳤다. 그뿐인가. 한류가 경제적 효과로 확산되는데 지대한 역할을 했다. 특히 뉴요커를 중심으로 한식에 대한 인기가 높아지고 있다.

〈미슐랭가이드〉
세계 최고의 권위를 자랑하는 여행 및 레스토랑, 호텔 안내서로 프랑스 타이어 회사인 미슐랭에서 맨 처음 만들었다.

뉴욕은 세계 음식의 경연장이다. 그렇다면 2019년 〈미슐랭가이드〉에 등재된 뉴욕 소재 레스토랑은 몇 개나 될까? 모두 548개이다. 국적별로 보면 아시안 151개(일본 70개, 중국 31개, 한국 19개, 태국 11개, 베트남 4개 등)로 가장 많다. 이어서 이탈리아 93개, 프랑스 35개, 멕시코 26개 등의 순이다. 또 국적불명의 레스토랑들은 트래디셔널(70개), 컨템포러리(69개), 해산물(15개) 등으로 분류하고 있다.

이 중에서 별 3개는 셰프스테이블앳브루클린페어Chef's Table at Brooklyn Fare(컨템포러리), 일레븐매디슨파크Eleven Madison Park(컨템포러리), 르버나딘Le Bernardin(해산물), 마사Masa(일식), 페르세PerSe(컨템포러리), 5곳뿐이다. 별 2개는 모두 15곳인데 이 중에서 3곳이 일식, 2곳이 스칸디나비안, 2곳이 프랑스, 1곳이 한식(정식당), 그리고 나머지는 컨템포러리, 해산물이다. 별 1개는 모두 56곳이다.

한식당 중에서 별 2개는 정식당이며 별 1개는 아토믹스(신규), 꽃, 제주누들바(신규), 3곳이다. 그리고 빕구르망Bib Gourmand(적당한 가격의 예외적으로 좋은 음식)은 초당골, 아토보이, 함지박, 한가위, 통삼겹구이 등이고, 미슐랭 플레이트The Michelin Plate(2018년부터 신설된 등급으로 미슐랭 검사요원들이 발견한 양질의 음식을 제공하는 레스토랑)는 단지, 돈스보감, 한잔, 강호동백정, 미스코리아, 뉴원조, 오이지, 삼원가든BBQ, 수길, 탕 등이다.

여기서 주목할 만한 사실은 〈미슐랭가이드〉에 수록된 레스토랑 숫자 면에서 한식 레스토랑이 태국식당을 누르고 아시아에서 일본, 중국에 이어 3위를 차지했다는 것이다. 게다가 2019년에는 별 1개에 아토믹스와 제주누들바가 신규로 진입했다. 까다로운 뉴요커들의 입맛을 한식이 사로잡기 시작한 것이다.

정식당, 한식 파인 다이닝의 선구자

파인 다이닝fine dining
최고급의 서비스와 코스요리를 제공하는 레스토랑으로, 고급 정식 만찬을 즐길 수 있는 곳이다.

〈미슐랭가이드〉 별점의 의미
별 1개는 요리가 특별히 맛있는 식당, 별 2개는 그 요리를 먹기 위해 멀리 찾아갈 만한 식당, 별 3개는 그 요리를 먹기 위해 여행을 한다고 해도 아깝지 않은 식당이라고 한다.

청양고추 바게트는 대체 어떤 맛일까. 빵에 청양고추라니! 그럼 샹젤리제 비빔밥은 어떤가? 마리 앙투아네트가 양푼에 고추장 한 숟갈 척 얹고 힘차게 비비는 장면을 상상해보라. 전혀 어울릴 것 같지 않은 이 단어들의 조합은 다름 아닌 정식당Jungsik의 메뉴 이름이다. 이것만 듣고 이게 뭐야 싶은 사람도 있겠지만, 정식당은 2013년 〈미슐랭가이드〉에서 별 2개를 받은 이래 2019년까지 연속으로 별 2개를 유지하면서 요리 하나하나가 "예술작품"으로 비교되는 명실공히 뉴욕 최고의 한식당이다.

뉴요커의 꾸준한 사랑을 받아 온 정식당은 2017년 이은지 페이스트리 셰프가 오미자 빙수, 수정과, 현미 슈Choux 등이 포함된 여섯 가지 코스 디저트 세트메뉴를 개발하여 다시 주목을 끌었다.

정식당은 2011년 9월 임정식 셰프가 맨해튼에 오픈한 이래 지금까지 한식 파인 다이닝의 선구자로서 확실한 자리매김을 하면서 한식의 고급화와 세계화에 앞장서고 있다.

단지, 한식당의 새로운 비즈니스 모델

"뉴욕에서 갈 만한 한식당이 어디야?"라는 친구의 질문에 대답하지 못해 직접 레스토랑을 오픈한 남자가 있다. 바로 단지Danji의 셰프이자 오너인 후니 킴Hooni Kim이다. 뉴욕 최고의 프랑스 식당 다니엘과 뉴욕에서 제일 비싼 일식당 마사를 거친 요리사 후니 킴은 2012년 맨해튼 헬스키친 52번 스트리트에 단지의 문을 열

> **다니엘Daniel**
> 〈미슐랭가이드〉에서 별 3개를 받은 미국 최고의 파인 다이닝 레스토랑으로 최고급 프랑스 요리를 즐길 수 있다.
>
> **마사Masa**
> 뉴욕에서 가장 비싼 식당으로 알려진 일식집 마사는 식재료를 매일 일본에서 들여오는 곳으로도 유명하다.

었고, 한식당 최초로 〈미슐랭가이드〉에서 별 1개를 받아 유명해졌다.

나는 친구들과 함께 단지를 방문한 적이 있다. 어두운 조명, 젊은 이들의 왁자지껄한 분위기, 게다가 음악 소리까지. 한식당이라고 했을 때 상상했던 그림과는 사뭇 달랐다. 더군다나 우리를 제외한 다른 손님들은 모두 현지인들이었다. 나름대로 나쁘지 않은 분위기였다.

젊은 감각의 분위기도 오케이, 이젠 메뉴를 고를 차례다. 친구들과 메뉴판을 들여다보고 있는데 셰프인 후니 킴이 직접 나와 음식을 소개했다. 1인분의 양이 매우 적다는 친절한 설명도 곁들였다. 나는 이왕 온 거 메뉴에 있는 음식을 하나씩 다 시키자고 호기롭게 굴었다. 우리가 주

문한 메뉴는 모두 열 가지. 너무 많나? 가게 직원의 뒷모습을 보며 후회가 되려는 것도 잠시였다. 막상 메뉴가 나오자 10개도 더 시킬 수 있다는 생각이 들었다. 셰프의 말처럼 1인분 양이 정말 적었는데 마치 일본 선술집의 안주 정도였기 때문이다. 요리 하나당 붙어 있는 가격이 대략 10~18달러 수준이니 양에 비해서는 상당히 비싼 편에 속했다.

어쨌거나 요리는 일단 첫째도 둘째도 맛이 아닌가! 맛은 한마디로 말하자면 정통 한식과는 거리가 멀었다. 젊은이들의 입맛, 특히 현지인의 입맛에 맞춘 메뉴였다. 어릴 적 어머니가 끓여주시던 된장찌개 같은 걸 상상해선 곤란하다. 만약 그런 걸 기대했던 한국인이라면 실망할지도 모르겠다. 한식에 초보자인 외국 사람들에게 어울리는 한식당이라고 하면 될 것 같다. 구수한 내 입맛에 확 끌리는 맛은 아니었지만 현지 젊은 층의 입맛에 맞게 한식을 개발했다는 점, 양을 적게 함으로써 자연스럽게 가격을 올렸다는 점, 그리고 한식당으로는 드물게 김치 등의 무료 반찬을 주지 않는다는 점에서 단지만의 차별화 포인트를 찾을 수 있다.

그렇다면 옐프의 반응은 어떨까? 당연히 극과 극이다. 한국인은 실망했다는 리뷰가 많다. 반면에 현지인은 거의 칭찬 일색이다. 단지는 2019년 〈미슐랭가이드〉에서 '미슐랭 플레이트' 등급으로 떨어졌다. 하지만 정통 한식은 아니라고 해도 맨해튼에서 상업적으로 가장 성공할 가능성이 높은 한식당 모델은 내가 보기엔 단연 단지이다.

옐프Yelp
생활정보 검색 사이트로 미국의 지역별 식당, 병원, 세탁소, 상점 등을 직접 이용한 사람들의 후기를 제공하는 곳이다. 식당이나 쇼핑 등 갈 만한 곳을 검색할 때 사용하면 편리하다.

아토믹스 내부.

5장 뉴요커를 유혹하는 한인 비즈니스

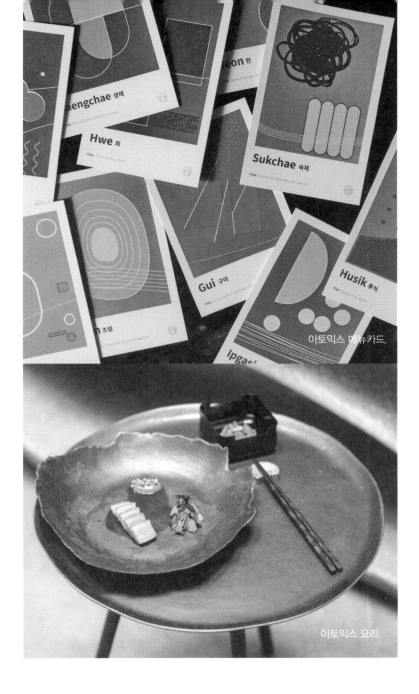

aengchae 생채

Hwe 회

eon 전

Sukchae 숙채

Gui 구이

Husik 후식

n 조림

Ipgasi

아토믹스 메뉴카드.

아토믹스 요리.

아토믹스, 한식 파인 다이닝의 이상형

아토믹스Atomix는 이름만으로 뭐하는 곳인지 감을 잡기가 어렵다. 이곳은 내가 그토록 출현을 바래왔던 한식 파인 다이닝의 이상형을 보여주는 곳이다.

2010년 한국 정식당에서 요리사로 시작해 수석 셰프가 된 박정현은 2011년 뉴욕 트라이베카에 문을 연 정식당Jungsik에서 셰프로 일했다. 자신이 꿈꾸는 한식 레스토랑을 열기로 결심한 박정현은 2015년에 정식당을 그만 두고 정식당과 같은 한식 파인 다이닝 레스토랑을 열기 위해 투자자들과 접촉, 자신의 아이디어와 계획을 설명했다. 그러나 투자자들이 경쟁이 치열한 뉴욕에서 고급 레스토랑의 성공 가능성에 대해 의구심을 표명하자, 대신 2016년 그의 부인 엘리아와 함께 중저가 캐주얼 식당인 아토보이Atoboy를 열었다. 아토보이는 요리 3개를 선택하는 세트메뉴에 46달러를 받았다.

그러나 고급 레스토랑에 대한 박정현의 열망은 멈추질 않았고, 마침내 2018년 5월 한국 건축가가 리노베이션한 타운하우스에 아토믹스를 열었다. 단품 요리도 있지만 이곳은 세트메뉴가 175달러(세금 및 봉사료 20퍼센트를 포함하면 225달러)이다. 세트메뉴는 대략 10개의 요리로 구성돼 있고 각 요리는 메뉴카드와 함께 제공된다. 메뉴카드 앞면에는 영어와 한국어로 병기된 요리이름과 간단한 설명, 뒷면에는 요리에 들어간

식재료 성분이 명시돼 있다. 각 요리는 두 입 거리 정도 밖에 되지 않기 때문에 먹는 시간보다 카드를 읽는 시간이 더 걸릴 수도 있다. 마치 오페라 안내서가 오페라의 이해를 돕듯이 메뉴카드도 한국음식에 대한 이해도를 높인다. 그리고 종업원들은 한국 디자이너가 만든 유니폼을 입는다.

그는 한국의 토속음식을 전혀 새롭게 변신시킨다. 예를 들면 소박한 감자전에 발효된 유자페이스트, 리코타 치즈, 박하, 미즈나mizuna(경수채) 같은 허브를 조화시켜 우아하고 시크한 음식으로 재탄생시킨다. 사실 이렇게 되면 전통적인 감자전에 익숙한 한국 사람들은 싫어할 수도 있다. 그래서인지 고객 대부분은 현지인들이다.

임정식이 후아그라 만두, 갈비와 같은 요리로 한식의 품격을 높이고 정제하였다면, 박정현은 지극히 한국적인 것에서 보다 자유로운 연출을 통해 진정한 혁신을 이루고 있다. 미슐랭도 이를 인정해서 오픈하자마자 별 하나를 주었다.

한식당 창업의 최대 복병

코리아타운으로 사람이 몰리면서 건물주가 임대료를 크게 올리기 시작했다. 그 결과 뉴욕에도 소위 '젠트리피케이션'이 일어나고 있다.

터줏대감격인 코리아팰리스(2011년), 우촌(2011년), 뉴욕곰탕(2013년), 강서회관(2017년)이 차례로 문을 닫았고, 큰집은 옛 뉴욕곰탕 자리로 이전하면서 더큰집The Kunjp으로 이름을 바꿨다. 감미옥 역시 건물 임대차 계약 연장이 불발되면서 근처 오감식당 건물의 2층으로 올라갔다.

이제는 코리아타운에서 개인이 운영하는 식당이 하나둘씩 사라지고 그 자리를 삼원가든(신라BBQ가 있던 곳에 2018년 3월 오픈), 파리바게뜨와 같은 기업형 레스토랑과 프랜차이즈들이 채우고 있다. 여전히 중소자영업자들이 운영하는 식당이 성업 중인 차이나타운과는 대조적이다.

이처럼 맨해튼에서 한식당 사업을 할 때 가장 어려운 것이 장소 선정과 임대차 문제이다. 상권이 확실한 코리아타운으로 가자니 임대료도 비싸고 장소도 없다. 그렇다고 외곽으로 나오자니 상권이 없다. 게다가 조금 잘된다 싶으면 건물주가 재계약을 할 때 임대료를 크게 올린다.

그러면 맨해튼의 한식당 열기는 허무맹랑한 꿈이란 말인가? 물론 방법은 있다. 비어 있는 건물에 식당을 내는 것이다. 당연한 소리 같겠지만 당연하지 않다. 이 방법은 권리금을 내지 않아도 되는 대신에 처음부터 상권을 개발해야 한다는 부담이 있다. 임정식 셰프의 정식당, 후니 킴의 단지 등과 같이 음식에 자신 있는 요리사 출신들이 주로 이 방법을 택한다. 이때 가장 중요한 것이 임대계약이다. 가게가 본격적인 궤도에 오르기까지 얼마나 걸릴지 판단하는 것이 중요하다. 장사가 잘 되면 장기계약이 좋지만, 안될 경우에는 적자를 보더라도 계약기간 동안은 임대료를 물어야 하기 때문이다.

　두 번째는 기존의 식당을 인수하는 것이다. 그런데 여기엔 권리금이 복병이다. 상권을 개발해놓은 것에 대한 대가인데, 보통 통째로 인수하는 조건으로 1년 매출액을 주어야 한다. 물론 여기서도 임대차 계약이 중요하다. 재계약시 건물주가 임대료를 크게 올릴 가능성이 농후하기 때문이다.

글로벌 시대,
결국 맛으로
승부해야 한다!

✔ **한류, 한식에 대한 인기가** 치솟으면서 뉴욕에는 다양한 종류의 한식당들이 코리아타운 주변뿐만 아니라 이스트 빌리지(오이지Oiji, 수길Soogil), 유니온 스퀘어(반주 Barn Joo, 턴테이블Turntable) 등 여러 지역에 생기고 있다.

뉴욕의 한국식당들은 크게 세 가지로 구분할 수 있다. 이민 1세대가 일군 전형적인 한식당, 한국에 본사를 둔 프랜차이즈 혹은 체인점, 그리고 신세대가 운영하는 퓨전한식당이다.

전통한식이든 퓨전한식이든 대중식당이든 파인 다이닝 레스토랑이든 간에 성공의 핵심은 '맛'이다. 어설프게 한류를 등에 업고 장사를 하다가는 반짝할 수는 있어도 오래 버티기는 어렵다. JYP의 박진영이 뉴욕 맨해튼에 시도했던 크리스탈밸리Kristalbelli는 결국 엄청난 적자를 견디지 못하고 폐업했다. 그 자리에는 2018년에 윤해운대갈비가 들어왔다. 해운대의 소문난 갈비집 창업자 손자인 바비윤Bobby Yoon은 할아버지의 레시피를 사용해 100퍼센트 한국음식을 표방하고 있다.

맛 다음으로는 서비스이다. 한식당 직원들, 그중에서도 특히 한인들은 일부를 제외하고는 대부분 아르바이트생들이다. 그들은 음식에 대한 공부나 서비스 예절 등에 대한 사전 지식이나 교육 없이 바로 투입된다. 현지인인 경우는 더하다. 누군가 그들을 교육을 시킬 여력이나 능력이 없는 것이다. 그러니 항상 서비스에 대한 문제가 불거진다. 파인 다이닝에 대한 경험 부족도 지적할 만하다. 10~15달러 정도의 음식을 대량으로 파는 가게에서는 문제가 되지 않던 것이 여기서는 문제가 된다. 그만큼 고객이 까다롭고 기대 수준이 높기 때문이다.

그런 의미에서 한식 파인 다이닝 레스토랑 서비스의 진수를 보여주고 있는 정식당, 아토믹스 같은 곳이 나타나고 있음은 아주 다행스러운 일이다.

이러한 사례는 비단 뉴욕에서 영업하고 있는 한식당에만 적용되는 얘기는 아닐 것이다. 한국을 찾는 관광객들이 늘어나고 세계 주요 도시에서 영업을 하고 있는 한식당이 많기 때문이다. 따라서 한식의 세계화를 이뤄내기 위해서는 국내 식당부터 이러한 문제를 인식하고 개선할 필요가 있다.

변방에서
맨해튼의 중심으로,
한국 프랜차이즈

한국인에게는 인간의 3대 욕구가 아닌 4대 욕구가 있다고 한다. 식욕, 성욕, 수면욕, 그리고 치욕. 단번에 알아들은 분들은 역시 치욕이 왕성한 분들이다! 치욕은 일명 치킨에 대한 욕구다. 웃자고 나온 말이지만 그만큼 한국인에게 치킨은 빼놓을 수 없는 먹을거리다.

그리고 한국식 치킨은 이제 뉴욕의 주류 시장에 도전장을 내밀고 있다. 그 선두에는 바로 본촌Bonchon이 있다.

비밀 양념으로 뉴욕에 '치욕'을 일으키다

본촌은 대구와 부산에서 닭갈비와 통닭집을 하던 서진덕 대표가 연 곳으로, 2006년 미국 뉴저지에 처음으로 매장을 열었다. 이듬해인 2007년 뉴욕에도 매장을 열었는데, 지금은 미국 전역에 87개의 매장이 있다. 해외매장은 싱가포르, 태국, 필리핀 등 12개국 300개에 달한다. 그런데 본촌이 태국과 필리핀에 진출한 사례를 보면 흥미롭다. 미국 유학생인 태국인 폴리와 타냐는 뉴욕에서 본촌치킨의 맛에 반해 방콕으로 돌아간 뒤 본촌 본사에 접촉, 태국에서 본촌 프랜차이즈 사업을 시작하여 태국 내에서 현재 31개 매장을 운영 중이다. 역시 미국 유학생이었던 필리핀인 스캇 탄도 뉴욕에서 본촌치킨의 맛을 보고 필리핀에서 먹힐 것으로 판단, 필리핀으로 돌아가 본촌 프랜차이즈 사업을 시작하여 지금은 필리핀 내에 무려 124개의 매장을 운영하고 있다.

본촌의 성공에 용기를 얻는 교촌이 2007년 플러싱에 1호점, 2010년 맨해튼에 플래그십 스토어를 열었다. 2011년에는 미국 NBC가 교촌의 메뉴 중 하나인 그릴 윙을 뉴욕의 치킨 윙 베스트 3에 포함시켰고, 〈뉴욕데일리뉴스〉는 한국식 치킨이 중독성 강한 양념으로 새로운 맛을 보여주고 있다고 보도하기도 했다. 하지만 인건비 및 임대료 부담을 이기지 못하고 교촌은 2017년에 철수하고 만다.

그래도 한국식 치킨의 인기는 여전하다. 다양한 한국식 치킨집이 맨해튼에서 영업을 하고 있다. 한국에서 온 브랜드로는 BBQ 올리브 치킨과 페리카나 치킨 등이 있고, 현지 브랜드로는 턴테이블치킨재

즈Turntable Chicken Jazz, 더진The Jin, 드렁큰치킨Drunken Chicken, 헬스치킨 Hell's Chicken 등 헤아릴 수 없이 많다.

그렇다면 한국식 치킨이 뉴요커를 사로잡는 비결은 무엇일까. 답은 단순하다. 바로 새로운 맛 때문이다. 밀레니얼이라고 불리는 20~30대들은 새로운 맛이라면 원정도 마다하지 않는다. 그러나 맨해튼에는 이미 세계 각국 음식들이 이민자들을 통해 소개되었고, 사실상 더 이상 새로운 음식이 없을 정도이다. 그러던 와중에 중독성 강한 양념의 한국식 치킨이 나타났으니 뉴요커들이 환호하는 것이다.

> **밀레니얼 세대**
> **Millennial generation**
> 1981년 이후부터 2000년 초 태어난 세대로 미국에선 특히 금융위기 이후 사회에 첫발을 내딛기 시작한 18~31세 젊은 층을 가리킨다.

한국식 치킨은 도통 질리지 않는 양념도 특별하지만, 튀기는 과정도 미국식과 다르다. 기름에 두 번 튀기기 때문에 껍질은 과자처럼 바삭하고 속은 부드러운 육질을 가지게 된다. 여기에 한국식 비밀 양념을 더하면, 아… 일단 치킨 한 마리 먹고 와야겠다!

뉴요커의 입맛을 바꾸는 한국 베이커리

2014년 파리바게뜨가 32번 스트리트의 코리아타운이 아닌, 뉴욕 타임스퀘어 인근(40번 스트리트)에 4층 건물을 통째로 빌려 매장을 내자 모두가 우려의 목소리를 냈다. 이곳은 한인들이 많이 지나다니는 곳은 아니다. 그렇기 때문에 주로 뉴요커와 관광객들을 대상으로 장사를 해야 한다. 이는 기존의 토착세력인 오봉뺑au bon pain(미국), 프레타망제Pret A Manger(영국), 파네라브레드Panera Bread(미국), 르뺑쿼티디엥Le Pain Quotidien(벨기에) 등과 싸워야 함을 의미했다.

　이들 브랜드들은 나름 각자의 특성과 강점이 있다. 모든 점포를 직영하는 프레타망제는 유기농 재료를 사용한 즉석 샌드위치가 주종으로, 그날 팔다 남은 것은 모두 기부하는 걸로 유명하다. 르뺑쿼티디엥은 크라상, 바게트, 식빵 등 베이커리 이외에 아침메뉴, 수프, 샐러드, 타르틴, 디저트 등으로 다양화하였다. 파네라브레드는 이름만 베이커리이지 사실상 카페테리아라고 보면 된다. 아침메뉴, 샌드위치, 샐러드, 파스타, 수프, 파니니 등 온갖 것을 다 판다. 오봉뺑도 베이커리 이

파리바게뜨 뉴욕 맨해튼 매장.

외에 아침메뉴, 샐러드, 버거, 수프 등 여러 종류의 음식을 취급한다.

사실 맨해튼에서 베이커리들이 이렇게 진화한 이유는 빵만 팔아가지고는 수지타산을 맞출 수 없기 때문이다. 아침, 점심, 그리고 간식 고객을 잡아야 유지가 되는 것이다.

어쨌거나 약 5년 여가 지난 지금 파리바게뜨는 세인의 우려를 불식하고 '가장 서구적인 메뉴'인 '빵과 커피'로 뉴요커들의 입맛을 사로잡았다. 현재 맨해튼에만 11개, 뉴욕시 전체로는 22개의 매장을 운영하고 있다. 비결은 과연 무엇일까?

첫째, 제품력이다. 인종의 용광로인 뉴욕의 특성을 고려하여 전 세

파리바게뜨 뉴욕 브루클린 매장.

계인의 보편적 입맛에 맞는 제품을 갖췄다. 그래서 수십 가지에 불과한 뉴욕 베이커리들과는 달리 취급하는 제품 종류만 해도 300가지 가까이 된다. 그리고 각 제품마다 재료에 대한 설명과 칼로리 표시를 달았다.

둘째, 한국의 카페형 매장 스타일이다. 뉴욕의 대부분 베이커리는 기본적으로 회전율을 높이기 위해 빨리 먹고 나가라는 방식으로 설계돼 있다. 이에 착안하여 차별화를 시도했다. 여유를 즐기고 싶은 사람들은 앉아서 커피와 함께 추가로 빵을 더 골라가며 시간을 보낼 수 있게 하고, 바쁜 직장인들은 커피와 식사대용이 가능한 빵 몇 개를 골라 들고 나갈 수 있게 했다.

셋째, 매출 창출형으로 매장을 운영했다. 사무실 밀집 지역에 있는 52번 스트리트 매장의 경우, 아침 출근시간에는 에스프레소와 미국인들이 좋아하는 페이스트리 빵을 위주로 팔되 빵을 고르고 주문하는 동선을 테이크아웃 중심으로 만들었다. 출근시간대가 지나면 다시 공간을 활용해 샌드위치와 스프를 판매하고 식사가 가능한 구조로 바꿨다. 다시 저녁시간대가 되면 퇴근하는 사람들을 위해 식빵과 케이크를 팔았다. 각 매장마다 베이킹 도구와 장비를 설치하는 '한국형 빵집'의 장점을 최대한 살린 것이다.

넷째, 차별화된 메뉴를 선보였다. 일례로 인기 메뉴인 고구마 크라상은 미국, 프랑스계 베이커리에는 없는 파리바게뜨에만 있는 제품이다. 파리바게뜨의 빵은 미국제품에 비해 덜 달고, 공기가 더 많이 들어가 있으며, 무게가 덜 나간다. 미세한 차이이지만 보다 건강하다는 느낌을 주는 것이다.

다섯째, 교묘한 브랜딩 전략이다. 뉴요커나 외국인 관광객들에게 파리바게뜨가 어느 나라 브랜드냐고 물어보면 십중팔구는 프랑스 브랜드라고 답한다. 파리바게뜨 측에서도 굳이 한국 브랜드라고 밝히지는 않는다. 프랑스의 이미지를 자연스럽게 활용하고 있는 것이다.

첫째도 서비스,
둘째도 서비스,
직원 관리에 신중하라!

✔ **뉴욕 한복판에서 선전하고 있는** 한국 프랜차이즈를 보고 있으면 흐뭇하고, 자랑스럽다. 뉴욕 맨해튼에서 성공한다는 것은 전 세계 어디에다 내놔도 경쟁력이 있다는 뜻이기 때문이다. 사실 기업들은 이걸 노리고 적자를 감수하면서도 맨해튼 한복판에 플래그십 스토어를 연다.

문제는 매장경영이다. 한국 프랜차이즈 매장에서 시간제로 일하는 현지채용 직원들은 그다지 충성도가 높은 편이 아니다. 한인 직원들은 그런대로 제몫을 하고 있지만, 현지인 직원들을 통제하는 것은 조금 더 까다로운 일이다. 그래서 고객들로부터 서비스에 대한 불만이 쏟아져 나오고 있다.

직원 관리는 영국의 샌드위치 업체로 맨해튼에서 인기를 끌고 있는 프레타망제의 직원채용과 교육방식을 참고할 필요가 있다. 프레타망제는 신입 직원 채용 시 동료들의 평가를 절대시한다. 신입 직원을 뽑으면 우선 매장에서 6시간 동안 근무를 하게 한 후 동료 직원들이 같이 일할 것인지 여부를 투표한다. 여기서 신입의 90퍼센트가 떨어진다. 즉 채용되려면 동료 직원들의 지지가 가장 중요하다. 보너스가 개인이 아닌 팀 단위로 주어져서 신입 직원을 잘못 뽑으면 자신의 보너스에 악영향을 미칠 수 있는 구조이기 때문이다. 이와 더불어 매주 고객으로 가장한 고객, 즉 미스터리 쇼퍼를 투입하여 직원 개개인을 평가한다. 평가를 잘 받은 직원과 매장은 인센티브가 제공된다. 그래서 프레타망제에는 서비스에 대한 악플이 별로 없다.

반면에 우리 프랜차이즈 업체들은 맛에서 고객을 사로잡고 서비스에서 점수를 다 깎아먹고 있다. 물론 각각의 업체들도 나름대로 직원 교육에 힘쓰고 있을 것이다. 하지만 교육이나 통제가 직원들에게 얼마나 동기부여가 될 수 있는지 생각해볼 여지가 있다. 지리멸렬하고 통상적인 관리 시스템으로는 직원의 능력을 이끌어내는 데 분명 한계가 있다. 따라서 뭔가 프레타망제 같은 특단의 대책이 필요한 시점이다.

프레타망제의 직원 관리는 여러 가지로 우리 기업에도 귀감이 될 만하다. 서로의 팀워크와 서비스 정신이 곧 수입으로 이어지는 구조는 직원들이 자발적으로 일할 수 있는 동기부여가 된다. 이러한 직원관리 방식을 차용한다면, 국내외 프랜차이즈업계의 서비스 질이 달라질 수 있을 것이다.

뉴요커가
열광하는
한국 화장품

쇼핑의 천국이니만큼 뉴욕에는 여자들이 좋아할 곳이 정말 많지만, 그중에서도 세계적인 화장품 백화점인 세포라는 가장 추천할 만한 곳이다. 250여 개의 브랜드와 1만여 종의 제품으로 가득한 이곳은 가히 여자들의 천국이라고 할 만하다. 나는 2012년 맨해튼 렉싱턴 애비뉴에 있는 세포라 매장을 방문한 적이 있었다. 흥미로운 소문 하나를 듣고, 소문이 맞는지 확인하러 간 것이었다. 소문의 내용은 이랬다. 한국의 화장품 브랜드 하나가 세포라에서 엄청난

세포라 SEPHORA
글로벌 화장품 유통 체인점으로 미국, 캐나다뿐만 아니라 전 세계 14개국에 약 520개의 매장을 보유하고 있다. 저가 화장품부터 고가 화장품에 이르기까지 다양한 종류의 브랜드를 취급하고 있다.

인기를 끌고 있다는 것. 나는 버그도프굿맨에 이미 자리를 잡고 있는 아모레퍼시픽인지 물었지만, 중소기업 브랜드라는 설명에 더욱 호기심이 생겼다. 결론부터 말하자면 소문은 사실이었다.

화장발에는 한국산 BB크림이 최고다

2011년부터 2013년에 이르기까지 3년 연속 뉴욕패션위크의 공식 스폰서로 지정되어 모델들의 메이크업을 담당했고, 〈보그〉〈인스타일〉 같은 유명 잡지에서도 자주 등장했다는 이 브랜드의 이름은 닥터 자르트Dr. Jart+이다. 세포라의 2층 매장 한가운데 닥터자르트 코너가 따로

Without Makeup   With BB Cream

있었는데, 매장 직원에게 물어보니 BB크림 분야에서는 닥터자르트와 스매쉬박스Smashbox가 가장 잘나간다고 말했다.

BB크림이 뉴욕 여성들에게 인기를 끌자 2012년부터 로레알, 클리니크 등 대형 브랜드도 시장에 뛰어들었고, 이제 BB크림은 뉴욕 여성들에게 없어서는 안 될 필수 화장품이 되었다. 사실 우리 중소기업이 만든 제품이 이렇게 미국 뉴욕에 와서 뉴요커들의 화장문화를 바꾸게 한 것은 처음 있는 일이다. 특히 화장품은 소비자들의 브랜드 충성도가 강하고 품질, 기술 그리고 문화적 요소가 함께 섞여 있는 제품으로, 신규 브랜드나 신제품이 진입하기에 가장 어려운 시장으로 정평이 나 있으니 말이다.

2019년 현재 뉴욕은 한국 화장품 브랜드들로 넘쳐나고 있다. 맨해튼 유니온 스퀘어 화장품 거리에는 네이처 리퍼블릭, 이니스프리, 클럽

클리오 등 한국 화장품 브랜드의 플래그십 스토어가 거리를 점령하고 있다. 이니스프리 옆에 있는 세포라에는 LG생활건강의 빌리프, 아모레퍼시픽의 설화수, 닥터자르트 등의 한국 화장품 브랜드가 좋은 자리를 차지하고 있다.

중소 브랜드들도 질세라 맨해튼에 플래그십 스토어를 속속 오픈했다. 토니모리가 2015년 맨해튼에 플래그십 스토어를 연 것에 이어, 더샘도 2017년 맨해튼 차이나타운에 매장을 냈다. 한국 화장품 브랜드들이 인기를 끌자 한국 화장품을 전문으로 취급하는 편집숍들도 우후죽순 생겨나고 있다. 대표적인 것들이 러브L'OVUE, 소코글램Soko Glam, 0035mm, 에브리데이뷰티랩Everyday Beauty Lab, 제이케이엔리JKNLEE, 네이처컬렉션Nature Collection, 베스프렌뷰티Besfren Beauty 등이다.

유니온 스퀘어 이니스프리 매장.

유니온 스퀘어 이니스프리 매장 내부.

유니온 스퀘어 클럽 클리오 매장.

국가 이미지를
적극적으로
활용하라!

✔ **맨해튼 메디슨 애비뉴** 455번지에는 한국 기업의 호텔이 있다. 바로 롯데뉴욕 팰리스호텔Lotte New York Palace Hotel이다. 롯데호텔이 2015년 노스우드인베스터즈Northwood Investors로부터 8억 500만 달러를 주고 사들였다. 이 호텔은 UN 본부와 가까워 세계 정상들이 자주 묵기 때문에 홍보효과가 상당하다. 실제로 오바마 대통령이 2015년에 이곳에서 묵었고, 2017~2018년 트럼프 대통령과의 한미 정상회담도 여기서 열렸다. 고가인수 논란도 있었지만 롯데는 뉴욕팰리스 호텔을 통해 브랜드 효과를 톡톡히 보고 있는 것이다. 매년 오르고 있는 땅값은 덤이다. 그런데 뉴요커들은 롯데를 어느 나라 기업 혹은 브랜드로 인식하고 있을까?

미국에서 한국 브랜드로 인식되고 있는 것은 삼성, 현대, LG 정도이다. 그 외에는 한국이라는 국가가 인식되면서 팔리는 브랜드를 찾아보기가 어렵다. 기업들이 자의 반 타의반으로 'Korea' 라는 국가브랜드를 적극적으로 내세우지 않기 때문이다.

반면에 BB크림의 선두주자 닥터자르트는 뉴요커들에게 한국에서 온 브랜드라는 이미지를 확실하게 새겨놓았다는 점에서 다르다. 물론 기업의 브랜드 이미지에 한국의 국가 이미지가 보탬이 되느냐, 아니면 부담이 되느냐에 따라 브랜드 전략이 달라질 것이다. 게다가 포린 브랜딩foreign branding(외국어로 브랜드 이름을 지어 그 나라의 국가 이미지를 활용하는 것으로 덴마크 이미지를 차용한 하겐다즈가 대표적인 사례) 효과를 위해 일부러 이름을 그렇게 지었을 수도 있다.

하지만 OECD 회원국인 동시에 세계 10대 교역국, 15대 경제대국으로 올라선 한국도 이제는 국가 이미지가 기업의 이미지에 비해 모자랄 것이 없다는 생각이 든다. 한국제품에 매료된 사람들이 많이 있기 때문이다.

언젠가 나는 삭스피프스애비뉴 백화점에 레인포레스트Rainforest라는 브랜드로 외투를 납품하는 기업 대표를 만났다. 원단 제조 국내 수출업체들의 행사에 찾아와 줘서 고맙다는 인사를 하기 위해서였다. 당시에 바이어들을 많이 끌어오기 위해 행사장을 방문해 명함을 남기면 추첨으로 경품을 주겠다고 말했다. 사실 한국 원단을 많이 사용해주는 레인포레스트의 대표를 가장 만나고 싶었는데, 경품에 당첨됐다는 핑계로 약속을 잡을 수 있었다.

경품은 행사 스폰서인 삼성의 갤럭시탭이었는데, 마침 쓰던 아이패드가 고장 났다며 그는 사용하고 있는 갤럭시S4를 보여주며 극찬을 늘어놨다. 같은 제품을 쓰고 있어서 맞장구를 쳐줬다. 그는 집에서 쓰는 가전제품이 모두 한국 브랜드라며 자랑스럽게 말했다. 언제부터 한국 브랜드를 좋아하게 되었냐 물었더니, 아내가 우연히 옆집의 추천으로 미국 브랜드 세탁기에서 LG 세탁기로 바꾸면서부터라고 했다. 써보니 가격과 성능이 정말 마음에 들었고, 그 뒤로는 하나하나 한국제품을 사용하기 시작했다고 한다.

우리는 그가 한국산 제품을 '추천'받았다는 사실에 주목해야 한다. 그의 한국제품에 대한 호의를 볼 때, 또 다른 누군가에게도 우리 제품을 추천할 것이다. 이러한 것이 모여 한국산 제품과 우리나라의 이미지가 긍정적으로 만들어지는 것이다. 이미지가 좋으면 일단 유리한 위치를 선점할 수 있다. 따라서 글로벌시장을 노릴 때는 한국의 이미지를 어떻게 활용할지 염두에 두어야 한다.

6장

뉴욕의
땅값과
하늘값

하늘을
사고파는
부동산 비즈니스

2,500개의 계단으로 구성된 허드슨야드의 베슬은 이미 관광명소가 되었다.

남 걱정만큼 쓸데없는 일이 없다지만 맨해튼 거리를 걷다 보면 오지랖을 부리고 싶을 때가 있다. 바로 건물 때문이다. 초고층 건물이 빽빽하게 들어찬 맨해튼 거리를 걸으면 낮은 건물들 사이로 이따금 생뚱맞게 높이 서 있는 빌딩을 보게 된다. 맨해튼 땅값이 초고층 빌딩보다 더 높다는 걸 모르는 사람은 없을 텐데 왜 건물을 더 올리지 않고 낮은 채로 두는 걸까?

뉴욕에 낮은 건물이 많은 이유

나는 이번에도 전문가에게 직접 물어보았다. 마침 동료 직원이 월세 아파트를 구하던 중이었는데 함께 다니던 부동산 전문가에게 자세한 얘기를 들을 수 있었다. 부동산 전문가의 대답은 이랬다. 뉴욕에는 'air right'가 있다는 거였다. 우리나라 말로 하면 '공중권'이다. 공중권이란 건물의 소유자가 자기 건물 위로 추가 증축할 수 있는 공간에 대한 권리이다. 우리나라에는 없는 제도이기에 언뜻 들어서는 바로 이해하기가 쉽지 않다.

예를 들어보자. 콩쥐와 팥쥐가 최근에 건물을 하나씩 구입했다. 두 건물은 나란히 붙어 있고, 층고 제한이 10층인 구역이다. 이때 콩쥐가 구입한 건물이 6층짜리라면 4층 높이의 공중권이 있고, 팥쥐가 구입한 건물이 8층짜리라면 2층 높이의 공중권을 갖는다.

그러던 어느 날, 똑똑한 콩쥐는 부동산에 욕심이 생겨 10층보다 더 높은 건물을 지어야겠다고 생각했다. 하지만 자신이 가진 공중권으로는 10층까지밖에 지을 수 없었다. 그 때문에 콩쥐에게는 팥쥐의 공중권이 필요했다. 그것만 있으면 자신이 가지고 있는 4층 공중권과 팥쥐가 가지고 있는 2층 공중권을 더해 총 12층 높이의 건물을 지을 수 있기 때문이다. 거액의 돈을 주고 팥쥐를 살살 꾀어 공중권을 구입한 콩쥐는 소원대로 12층 건물을 지을 수 있게 됐다. 하지만 팥쥐는 자신의 공중권을 팔았기 때문에 건물을 더 높이 지을 수 없다. 공중권을 다시 구입하지 않는 한, 영원히 8층 건물에 머물러야 한다. 이런 이유 때문에 저층 건물들 사이로 고층 아파트가 우뚝 서게 된 것이었다.

도널드 트럼프
Donald Trump
뉴욕 출신의 기업가. 미국의 부동산 사업의 거물로 트럼프 그룹(Trump Organization)의 회장이자 CEO이다.

우리에겐 공중권이라는 제도가 없어서 설명을 들어도 이게 무슨 황당한 소리인가 싶겠지만, 미국에서는 1961년부터 시작된 제도다. 그리고 공중권을 가장 잘 이용한 사람 중 하나가 바로 도널드 트럼프다. 도널드 트럼프는 2001년에 주변 7개 건물 소유주로부터 공중권을 사들이고, 본인 것과 합쳐 72층짜리 UN플라자 빌딩을 지었다. UN플라자는 그 당시 주거용 빌딩으로는 가장 높은 건물이었다.

최근 맨해튼의 스카이라인은 급변하고 있다. 공중권을 활용한 초고층 빌딩들이 속속 들어서고 있기 때문이다. 센트럴파크 근처 원57One57 주상복합빌딩(1,004피트)은 엑스텔Extell Development Corp.의 창업자이자 뉴욕 부동산 시장의 거물인 게리 바넷Gary Barnett이 15년에 걸쳐 주변의 공중권을 사 모은 결과물이다. 2015년 완공된 432파크애비뉴432 Park Ave.(1,396 피트), 그리고 뉴욕에서 가장 높은 주상복합 건물인 센트럴파크타워Central Park Tower(1,550피트), 30허드슨야드30Hudson Yards(1,296피트), 35허드슨야드35 Hudson Yards(1,009피트), 53W53(1,050피트), 111웨스트57번가111W 57th Street(1,428피트), 262피프스애비뉴262 Fifth Avenue(1,009피트), 투월드트레이드센터Two World Trade Center(1,340피트), JP모건체이스 신 본사 건물JP MorganChase(1,200피트), 더스파이럴The Spiral(1,005피트) 등 수많은 초고층 빌딩들을 짓고 있거나 계획하고 있다.

2019년 6월 현재 뉴욕에서 가장 높은 빌딩은 9·11사태로 무너진 옛 세계무역센터 부지에 새로 지은 원월드트레이드센터One World Trade Center(2014년 완공되었으며 1,776피트로, Freedom Tower라고도 한다)이다.

공원의 하늘을 팔아 공원을 살리다

공중권은 개인뿐만 아니라 공공기관인 뉴욕시에도 적용된다. 뉴욕시 당국은 맨해튼 미드타운 이스트 지역에 새로운 고층 빌딩이 필요하

허드슨야드 개발 현장(2019년 1월 현재).

다고 판단했다. 그래서 구역 재조정을 통해 랜드마크 빌딩을 보전하면서 새로운 고층빌딩을 지을 수 있게 하겠다며 규제완화에 나섰다.

이와 같은 규제완화를 통해 새로운 고층건물도 짓고 공중권 매매에 대한 세금으로 공공시설을 정비하겠다는 것이다. 미드타운 이스트 구역재조정 계획에 따르면 공중권을 파는 사람은 1평방피트당 61.49달러 또는 공중권 판매액의 20퍼센트 중에서 큰 것을 주변 개선기금으로 내야 한다. 이처럼 뉴욕시의 살림살이에 **빼놓을** 수 없는 수입원이 바로 공중권이다. 예를 들면 뉴욕시계획위원회는 최근 하이라인파크High Line Park의 공중권 가격을 1평방피트당 625달러로 책정했다. 따라서 하이라인파크 근처의 부동산을 개발하려면 개발자가 뉴욕시에 1평방피트당 625달러를 지불해야 한다. 뉴욕시는 이 돈을 웨스트첼시 서민주택기금으로 활용할 계획이다.

뉴욕시는 허드슨 강변의 개발도 공중권으로 해결하고 있다. 허드슨 강변구역은 5~20층까지 개발이 제한돼 있었지만 주변 공중권 매매를 통해 이미 초고층 주상복합 빌딩들이 들어서고 있다. 즉 해당 부지의 '기본 용적률 + 구역개선 인센티브 용적률 + 주변 지역 공중권 매입 = 총 개발층수'가 되는 것이다.

미니 신도시급인 허드슨야드Hudson Yards 프로젝트(11 헥타르)는 1~2단계에 걸쳐 개발되고 있다. 250억 달러가 투입된 1단계 프로젝트는 2019년 3월 완료됐다. 10허드슨야드10 Hudson Yards(895피트), 15허드슨야드15 Hudson Yards(917피트), 30허드슨야드30 Hudson Yards(1,268피트), 35허드슨야드35 Hudson Yards(1,009피트), 50허드슨야드50 Hudson Yards(1,011피트), 55허드슨야드55 Hudson Yards(780피트), 숍앤레스토랑허드슨야드Shop & Restaurants of Hudson Yards(7층, 93,000 평방미터), 퍼블릭플라자Public Plaza(2헥타르) 등이 들어서 일대가 이미 상전벽해가 되었다. 이곳에는 베슬Vessel이라고 불리는 특이한 모양의 건축물과 30허드슨야드의 100층에 건물 밖으로 튀어나온 옥외전망대가 설치돼 있어 새로운 관광명소가 되고 있다. 2024년에 2단계가 완공되면 맨해튼의 스카이라인은 전혀 다른 모습이 될 것으로 보인다.

부동산업계여
공중권 브로커에
주목하라!

✔ **우리나라에는 공중권을 매매하는** 제도가 없다. 다만 민법상 구분지상권이라는 개념은 도입돼 있다. 흔히 쓰이는 개념은 아니지만 구분지상권 적용의 예를 하나 들어보면 이렇다. 민간 소유 토지의 일부 구간 위로 고가도로가 지나간다고 해보자. 그러면 토지 소유자는 고가도로의 지하 부분과 지상 부분의 사용에 제약을 받게 된다. 이런 경우 구분지상권을 통해 토지 소유자에 대한 보상이 이루어진다.

하지만 우리나라에서는 구분지상권만 따로 떼어내 사고팔 수 없다. 각 지역별로 건물 층수와 용적률이 정해져 있기 때문에 그에 맞게 지으면 된다. 적법하게 지었음에도 조망권 침해 분쟁이 생겼는데 양자 합의가 되지 않으면, 결국 소송을 통해 조망권 침해 비용이 정해질 수밖에 없다.

그렇다면 뉴욕과 같은 공중권 거래제도가 우리나라에 도입될 가능성이 있을까? 답은 미지수지만 이 제도의 도입을 바라는 사람이 많다. 사실 서울의 전통한옥지구 같은 경우, 집주인으로서는 재산권 행사가 제한되기 때문에 답답한 측면이 있다. 분명한 내 집이지만 남의 떡이나 마찬가지이기 때문이다.

이 문제를 뉴욕에 적용한다면 어떨까? 뉴욕에서는 역사적 보존가치가 있는 건물이나 랜드마크로 지정된 건물은 재건축이 원천적으로 봉쇄되어 아무런 활용을 하지 못하기 때문에 재산상 손실이 크다. 그래서 뉴욕시는 1968년에 양도성개발권 Transferable Development Right이라는 제도를 도입했다. 이는 건물이 역사적 유물 혹은 랜드마크로 지정되었을 경우 공중권을 팔 수 있는 권리로, 개발제한으로 인한 재정적 손실을 보상하기 위한 제도다.

공중권은 매매규모도 어마어마하다. 일례로 2005년에 파크 애비뉴에 있는 크라이스트 교회는 이 제도를 이용하여 1평방피트당 430달러에 공중권을 팔아 3천 만 달러를 챙겼다. 다른 일례로 뉴욕의 공중권 브로커인 시티센터 부동산의 로버트 사피로Robert Shapiro 사장은 2012년 상반기 중에 모두 11건의 거래를 성사시키며 이름을 날렸다. 그는 총 291,623평방피트의 공중권, 즉 7,500만 달러를 중개했다.

만약 이 제도가 우리나라에 도입된다면 공중권 브로커가 새로운 전문직으로 각광받게 될 가능성이 높다. 그러나 공중권 브로커는 단순히 부동산을 중개하는 것과는 다른 전문지식이 필요하다. 구역마다 층고규제, 용적률 등이 복잡하게 얽혀 있어 공중권 가격산정이 매우 어렵기 때문이다. 또한 만만치 않은 협상과정을 헤쳐 나가기 위한 끈기와 기술도 필요하다.

뉴욕에서 가장 높은 주상복합 건물인 센트럴파크타워.

뉴요커에게는
룸메이트가
필요해

MADE IN NY®

하루는 친구의 딸에게서 전화가 왔다. 아파트를 빌리려고 하는데 보증인이 되어줄 수 있냐는 거였다. 돈을 빌리는 것도 아니고 아파트를 빌리는 데 웬 보증? 하여간 나에게 뉴욕은 아직도 요모조모 새로운 곳이다.

어쨌거나 딸 같은 녀석이 부탁을 하는데 안 들어줄 수는 없었다. 더군다나 홀로 타향살이를 하는 처지가 아니던가. 녀석은 서울에서 대학을 졸업하고 뉴욕에 있는 다국적 컨설팅 회사에 취직이 되어 열심히 근무하고 있었다. 원룸 아파트에서 룸메이트와 살고 있었는데, 룸메이트가 실직하면서 다른 아파트를 찾게 되었다는 거였다. 그 집에 가보니 녀석이 침실을 사용하고, 룸메이트가 거실에 칸막이를 달아 방으로 사용하고 있었다. 한 달 월세는 3,400달러로 그중 1,800달러를 녀석이 내고 있었다. 앞으로 더 언급하겠지만, 맨해튼에서 아파트를 같이 쓰는 것은 지극히 흔한 일이다.

녀석이 새로 구하려는 스튜디오형 아파트는 월세가 2,400달러인데, 아파트 관리 회사에서 요구하는 입주자의 자격은 연봉이 월 임차료의 40배가 되어야 한다는 것이었다. 40배라니! 자, 여기서부터 돈 문제가

스튜디오형 아파트
우리나라의 원룸과 비슷하다. 크게 두 가지로 나누는데 침실, 거실, 주방, 화장실이 한 곳에 다 있는 형태와, 한쪽 벽면을 우묵하게 들어가게 해서 만든 공간에 작은 침실을 따로 둘 수 있는 형태가 있다.

좀 복잡하게 보이기 시작한다. 하지만 액수가 커서 그렇지 어렵지 않다. 결론은 늘, 돈이 많으면 유리하다는 것이다.

일단 입주자 자격은 자신의 연봉이 월세의 40배가 되어야 한다는 것이다. 그러면 녀석이 나에게 요청한 보증인의 조건은 어떻게 될까? 보증인은 월세의 80배에 해당하는 연봉을 받아야 한다. 정말이지 난감한 액수다. 나는 어쨌거나 알았다고 하고 부동산 중개인에게 내 이메일 주소를 알려주었다. 얼마 후 받은 이메일의 내용은 정말 충격 그 자체였다. 부동산 중개인에게서 온 것이 아니라, 이런 일을 전문으로 하는 신용조사 회사로부터 온 이메일이었다. 그쪽에서 요구한 서류는 이랬다. 재직증명서, 은행계좌번호가 나오는 거래은행의 잔고증명서, 운전면허증 혹은 여권, 급여명세서, 소득세신고서, 주거지의 월 임차료 증명 혹은 소유주일 경우 재산세납부증명서. 목록만 읽고 있어도 숨이 턱하고 막히지 않는가?

보증인이 되는 길은 멀고도 험난했다. 하지만 입주자의 막막함에 비할까. 그나마 보증인이 되어줄 수 있는 사람이 있는 경우는 다행인 편이다. 여하튼 나는 신용조사 회사 측과 수차례 이메일을 주고받은 끝에 'OK' 사인을 받았다. 드디어 보증인 자격이 된 줄 알고 감격했으나, 나중에 알고 보니 그게 아니었다.

해결사가 된 것은 바로 녀석의 아버지인 내 친구였다. 딸은 당장 갈 곳이 없지, 아파트 관리 회사의 까다로운 요구는 끝도 없지, 그래서 승부를 낸 것이 바로 1년치 월세를 선불로 내는 거였다. 입금된 돈을 보고서야 입주를 받아주었다고 하니 역시 돈이 최고였다.

그렇게 온갖 우여곡절을 겪으며 빌린 녀석의 집은 침대, 주방, 화장실로 구성된 정말 작은 스튜디오였다. 고작 이 정도 집을 얻으려고 그 난리를 쳤단 말인가 싶었지만, 맨해튼에서 혼자 스튜디오에 산다는 것은 호사라고 해도 과언이 아니다.

참고로 친구의 딸애가 받는 연봉 6만 7,000달러는 많은 것이 아니

다. 세금 이것저것 빼고 나면 실제로는 월 3,700달러를 받는데, 거기서 방세 2,400달러를 빼면 월 1,300달러가 남는다. 여기서 교통비 500달러를 제하면 손에 쥐는 것은 800달러, 우리 돈으로 약 85만 원뿐이다. 맨해튼에서 그 돈으로 한 달을 사는 것은 거의 불가능에 가깝다. 그래서 친구 딸은 영어 개인교습 아르바이트까지 한다. 물론 자동차는 꿈도 못 꾼다. 자동차 대여료, 보험료도 문제지만 주차료가 월 500달러나 하기 때문이다.

인종만큼 다양한 뉴욕 아파트

1년치 월세를 한꺼번에 낼 수 없다면 필요한 것은 첫째도, 둘째도, 셋째도 역시 정보이다. 일단 기본적으로 뉴욕에는 어떤 종류의 아파트가 있는지 알아보자.

첫 번째는 콘도미니엄condominium, 일명 콘도라고 불리는 아파트다. 콘도는 우리나라 아파트처럼 개별소유권이 허용된 곳이다. 따라서 아파트 주인과의 직접 협상을 통해 임대가 가능하므로 세입자 입장에서는 가장 임차하기가 쉬운 편이다.

두 번째는 코퍼러티브co-operative(이하 코업)로, 일명 협동조합 아파트이다. 집주인이 아파트를 개별소유하고 있는 것이 아니라 건물 전체에서 소유한 크기만큼의 지분을 가지고 있다. 코업은 매물로 잘 나오지

1904년에 완공된 디앤소니아The Ansonia.
브로드웨이와 73번 스트리트 교차로에 있는 콘도로
파리 보자르 스타일의 건축 양식으로 지어졌다.

않는데다가 임차하려면 입주자대표회의의 심의를 거쳐야 하는데, 까다롭기로 정평이 나 있다.

일례로, 카타르의 셰이크 하마드 수상이 2012년에 센트럴파크 바로 앞에 있는 5번 애비뉴 907번지의 코업 2세대를 3,150만 달러에 구입하고자 했다. 그런데 입주자대표회의에서 아파트의 조용한 분위기를 저해할 우려가 있다고 판단, 아예 면담조차 거부한 일이 있다. 코업 아파트는 그 자체로 하나의 견고한 이미지이기 때문에 자격심사에 매우 엄격하다. 일종의 사교 클럽 입회 오디션 같다고나 할까.

또 다른 종류의 아파트도 있다. 주거용 아파트와 상

콘도 vs 코업
뉴욕에는 콘도보다 코업이 더 많다. 코업은 대부분 제2차 세계대전 이전에 지어진 것들로 콘도에 비해 좁은 편이다. 그 때문에 가격은 코업보다 콘도가 약간 비싸다.

업용 시설을 별도로 가지고 있는 콘돕condop, 길거리에 저층으로 지어진 아파트형 주택인 타운하우스, 그리고 브라운스톤으로 불리는 1~2인용 저층 아파트가 있다. 더불어 로프트loft라고 불리는 아파트도 있는데, 이것은 공장이나 창고 등을 개조한 하드 로프트와 1층에는 상가, 그 위에는 주거용 빌딩이 합쳐진 소프트 로프트로

브라운스톤
제2차 세계대전 이전에 지어진 갈색 사암의 아파트로 1~2인용이며, 5층 내외의 저층이 일반적이다. 엘리베이터가 없어서 5층에 살 경우 계단을 오르내릴 각오를 해야 한다. 또한 도어맨, 관리인이 없어서 세입자가 모든 걸 신경 써야 한다.

나뉜다. 마지막은 렌탈rental이라고 불리는 임대전용 아파트다. 이곳은 친구 딸의 사례처럼 빌리기가 매우 까다롭다. 뉴욕의 경우, 세입자가 방세를 내지 않는다고 해서 바로 쫓아낼 수 없기 때문이다. 퇴거시키려면 긴 소송을 통해 법원의 퇴거명령을 받아야 한다. 따라서 월세를 내지 않는 세입자가 있어도 집주인의 입장에선 몇 달을 공짜로 빌려줄 수밖에 없다. 월세의 40배에 해당하는 연봉이라는 조건이 왠지 수긍이 되기도 하지만, 이래저래 씁쓸하다.

뉴욕의 아파트 건물들은 크게 제2차 세계대전 이전과 이후로 나뉜다. 제2차 세계대전 이전에 지어진 건물은 고전적인 외관과 화려한 장식, 높은 천장과 넓은 내부공간을 자랑하며, 특히 벽난로가 설치된 곳이 많다. 하지만 내부가 어두운 데다 조망이 별로 좋지 않다. 또한 많은 건물들이 랜드마크로 지정되어 있어 재건축은 물론 개·보수도 어렵다. 그럼에도 높은 천장과 벽난로에 로망을 가지고 있는 사람들이 많아서 현대식 아파트보다 임대료가 비싸다. 대부분의 브라운스톤, 타운하우스, 로프트 아파트들은 이 시기에 지어졌다. 제2차 세계대전 이후에 지

6장 뉴욕의 땅값과 하늘값

어진 아파트는 현대적이긴 하지만 개성은 없다. 반면에 천장이 낮다는 단점을 제외하면 욕실과 주방이 깨끗하고 조망이 좋은 편이어서 내부가 밝다. 또 가격도 상대적으로 저렴한 편이다.

맨해튼 집값이 만들어낸 비즈니스

2013년 뉴욕의 한 언론 보도에 따르면 미국에서 가장 살기 힘든 도시로 뉴욕 맨해튼이 뽑혔다고 한다. 고공행진을 이어가는 집값과 임대료가 모든 물가에 영향을 미치기 때문이다. 상황이 이렇다 보니 뉴욕시 당국에서도 대책 마련에 나섰다. 바로 초미니 아파트를 공급하는 것이다. 지금까지 뉴욕시는 최소 면적 400평방피트(약 11평) 이상의 아파트를 의무화했지만 이제는 250~370평방피트 규모의 초미니 아파트의 건설도 허가했다. 사람들은 이런 초소형 아파트를 아이팟에 빗대어 아이팟먼트라고 부른다.

> **초미니 아파트와 인구 관계**
> 초미니 아파트 공급은 1인 가구의 증가와도 관련이 있다. 2010년 미국 인구통계조사에 따르면 맨해튼에 사는 1인 가구가 46.3퍼센트였으나, 최근 조사에서는 1~2인가구가 무려 76퍼센트 늘어난 것으로 알려졌다.

한편 비싼 임대료가 만들어낸 신종 비즈니스가 있다. 바로 룸메이트를 찾아주는 비즈니스 혹은 재임대sublet 비즈니스이다. 룸메이트가 있다는 건 곧 월세가 절반으로 줄어든다는 뜻이다. 그 때문에 유학생, 직장인 가릴 것 없이 룸메이트를 구한다. 토박이야 지인들이 있다고 쳐도 뉴욕에 처음 온 학생이나 직장인들은 어떻게 룸메이트를 구할까?

혈혈단신으로 뉴욕에 뚝 떨어진 사람이라도 살아날 구멍은 있다. 바로 룸메이트 소개 사이트가 있기 때문이다. 뉴욕의 대표적인 룸메이트 소개 사이트들을 꼽자면 루미Roomi, 디기즈Diggz, 스페어룸SpareRoom, 룸스터Roomster, 레인보우룸메이트Rainbow Roommates(LGBTQ를 위한 사이트) 등이다. 또 플립Flip, 리스팅스프로젝트Listings Project 등은 재임대를 전문으로 한다.

맨해튼은 집값도 비싸지만 호텔 가격 또한 만만치 않다. 그러다 보니 개인 아파트를 관광객 혹은 출장자들에게 빌려주는 단기임대도 성행하고 있다. 당연히 호텔업계에서 반발했고, 그러자 뉴욕시는 주인 혹은 세입자가 실제 거주하지 않을 경우 자신의 집을 타인에게 30일 이내로 빌려주는 것을 불법으로 규정해버렸다. 그럼에도 불법 숙박업은 은밀히 이루어지고 있다. 실제로 부동산투자자인 맥스 베크먼Max Beckman은 맨해튼의 여러 아파트를 빌려 에어비앤비AirBnB를 통해 불법영업을 하여 상당한 수익을 올린 것으로 알려지고 있다. 이에 뉴욕시는 2019년 2월 베크먼에 대해 2천만 달러의 손배소를 제기하는 한편, 에어비앤비와 홈어웨이HomeAway에 등재돼 있는 아파트 리스트를 제출하라고 요구했다. 맨해튼의 미친 집값이 신종 비즈니스도 만들어내지만 범죄자도 양산하고 있는 셈이다.

뉴욕식
부동산 비즈니스를
벤치마킹하라!

✔ **먹이를 찾아 산기슭을 헤매는** 하이에나보다 더 간절한 이들이 있으니 바로 뉴욕에서 나 홀로 집을 구하는 사람들이다. 낯선 곳에서 집을 구하는 것도 어려운데, 까다로운 절차와 비싼 임대료까지 더하면 그야말로 울고 싶을 지경이다.

매년 뉴욕으로 직장을 구하러 오거나 혹은 취직이 되어 들어오는 젊은이들이 대략 4~5만 명 정도라고 한다. 여기에 전 세계에서 날아온 유학생들까지 더해져 집주인들은 몰려드는 손님에 비명을 지르고 있다. 수요에 비해 공급이 턱없이 부족하니 집값은 매년 기록을 갈아치울 수밖에 없다. 이들은 어떤 식으로든 살 곳을 구해야 하는데 우리나라의 원룸과 같은 스튜디오의 가격만 해도 월 2천 달러이다. 그래서 작은 원룸에서도 칸막이를 해서 대부분 룸메이트와 같이 쓴다. 이와 같은 상황에서 유망한 산업과 직업이 창출되고 있다.

첫째는 초소형 아파트 임대사업이다. 아예 임대전용 스튜디오 아파트를 지어 운영하는 것이다. 우리나라도 1인 혹은 2인 가구가 늘고 있고, 전세제도가 월세로 전환되고 있는 추세임을 감안하면 고시원, 오피스텔, 원룸보다 안전하고 고급형인 초소형 아파트 임대사업은 시장성이 있을 것으로 판단한다.

둘째는 아파트 렌탈 및 개인 아파트 단기임대 중개업이다. 호텔비가 만만치 않기 때문에 외지인이나 외국인을 대상으로 한 빈집 단기임대 사업도 유망할 것으로 본다. 문제는 개인 아파트 등을 호텔처럼 단기로 빌려주는 것에 대한 적법성 여부다.

셋째는 룸메이트를 구해주는 사업이다. 룸메이트도 구하지 못해 그러느냐고 할지 몰라도, 사실 요즘 같은 개인주의 시대에서는 룸메이트 구하는 것도 만만치가 않다. 짝을 구하기 위해 맞선을 보는 것과 같은 이치이다. 같은 중매사업이지만 하나는 결혼을 위한 것이고, 또 다른 하나는 비용절감 차원에서 동거를 한다는 것이라는 점에서 다를 뿐이다.

뉴욕의 부동산 관련 사업을 벤치마킹하기 위해서는 철저한 조사가 필요하다. 투자할 부동산 주변의 인구구성과 인구유입 및 유출 요소를 꼼꼼히 따져보고 투자를 해야 한다. 또한 룸메이트를 구해주는 사이트를 벤치마킹할 때도 고객에게 어떻게 신뢰를 얻고 수익을 창출할 것인지 전략을 세워야 할 것이다.

7장

뉴욕,
도시를
브랜딩하라

#65

뉴욕이
사라지고
있습니다

1971년 3월. 뉴욕시는 때 아닌 종말 논쟁에 휩싸였다. 미국 북동부 지역신문에 실린 괴이한 광고 때문이었다. "뉴욕시티 종말의 시작을 알립니다"라는 도발적인 문장은 일주일 후에 "1971년 5월 24일, 뉴욕시티는 사라질 것입니다"로 나아갔다. 그로부터 또 일주일 뒤, 대망의 마지막. "오늘, 뉴욕시티가 사라집니다" 카피 아래엔 바다에 잠긴 자유의 여신상이 보였다. 세 번에 걸친 광고 때문에 신문사와 공공기관은 밀려드는 전화로 골치를 썩어야 했다. 정말 뉴욕이 없어지나요? 뉴욕도 샌프란시스코처럼 물속에 잠기는 건가요? 시민들의 문의전화가 빗발쳤다.

이 무시무시한 광고는 이탈리아의 알리탈리아 항공사에서 내놓은 티저 광고였다. 그 당시 미국인들 사이에서는 뉴욕에 조만간 뭔가 무서운 일이 일어날 것 같다는 두려움이 팽배해 있었는데, 알리탈리아 항공사는 사람들의 그런 심리를 이용하여 광고를 제작한 것이었다. 항공사 측은 새로운 노선 취항을 홍보하는 게 목적이었다며 그저 재밌는 광고라고 해명했지만 뉴욕의 경제, 정치 지도자들의 분노는 심각했다. 뉴욕

관광청에선 이탈리아계 유력인사와 정치인들까지 동원하여 강력한 항
의편지를 썼지만, 뉴욕의 이미지는 돌이킬 수 없을 만큼 망가졌다. 그
야말로 종말이었던 것이다.

요즘 우리가 흔히 '뉴요커'라고 할 때 상상하는 뉴욕의 이미지는 세
련되고 화려한 도시의 모습이다. 그러나 1970년대 뉴욕에서는 상상조
차 할 수 없는 이야기였다.

1970년대 초 뉴욕은 청소 인부의 파업으로 길거리에 쓰레기가 산
더미처럼 쌓여 있고, 지하철에는 온통 험악한 낙서투성이였으며 공항,
기차역, 호텔 등지에는 소매치기와 강도들이 들끓었다. 뉴욕 다운타운
과 미드타운 맨해튼에 있는 사무실 빌딩과 호텔은 텅 비어갔고, 기업들
은 도시를 떠나기 시작했으며, 관광객은 찾아오지 않았다. 노동자에는

우호적이고 기업에는 비우호적인 도시, 범죄자들이 들끓는 도시정글이라는 평판의 확산은 뉴욕을 점점 황폐하게 만들었다.

더 이상 손 놓고 앉아만 있을 수 없던 사람들은 뉴욕의 이미지 정화를 위해 모임을 만들었다. 1971년 결성된 '더 좋은 뉴욕을 위한 모임 ABNY; Association for a Better New York'(이하 ABNY)이 그것이다. ABNY는 정부 고위관료 및 파워브로커들을 초청하여 조찬간담회나 강연행사를 가졌다. 모임에 초청된 정부 고위관료에게 ABNY는 세금감면, 임대료 규제완화 등 친비즈니스정책을 펼치도록 건의했고, 이는 상당 부분 관철되었다.

ABNY는 뉴욕의 치안 강화에도 팔을 걷어붙였다. 우선 자비를 들여 모든 경찰에게 방탄조끼를 지급했다. 미 연방통신위원회에서 주파수를 사들여 도어맨들에게 워키토키를 지급했고, 범죄 발생 시 직접 경찰에 연락하도록 했다. 또한 24시간 CCTV를 타임스퀘어에 설치해 경찰이 감시하도록 했다. 이는 도시의 거리를 감시하기 위해 최초로 CCTV가 사용된 사례로 기록되었다.

또한 ABNY는 뉴욕관광청과 함께 빅 애플 캠페인을 전개하였다. 수십만 개의 사과 모양 옷핀, 스티커 등을 제작해 비즈니스맨들이 모이는 곳에서 나누어주며

워키토키
휴대할 수 있는 소형 무선 송수신기로 경비연락이나 취재연락 등에 사용된다.

빅 애플 캠페인
뉴욕관광청과 ABNY는 캠페인의 일환으로 뉴욕을 '가장 큰', '가장 좋은' 등의 수식어를 사용하여 부르기로 했다. 또한 〈뉴욕타임스〉에 광고를 실었는데, 주로 뉴욕에 본부를 두고 있는 기업을 소개하는 내용이었다. 여기에 더해 TV나 영화에 뉴욕이 긍정적으로 나올 수 있도록 촬영허가를 신속하게 내주는 등 다양한 노력을 기울였다.

뉴욕을 홍보한 것이다.

뉴욕, 파산에 임박하다

ABNY의 노력을 비웃기라도 하듯 뉴욕시의 재정 상태는 점점 더 나빠졌다. 은행연합회는 뉴욕시가 채권을 결제하지 못할 것이라고 예상하고 1975년 초에 뉴욕시의 채권을 모두 팔아버렸다. 그리고 1975년 새로 취임한 아브라함 D. 빔Abraham David Beame 뉴욕시장이 채권보증을 거부함으로써 뉴욕시는 아예 채권시장에 발도 못 붙이게 됐다.

신임 뉴욕 주지사 휴 캐리Hugh Carey는 뉴욕시의 재정위기가 뉴욕주 전체에 영향을 미칠 것을 우려하여, 뉴욕을 통제할 새로운 초정부적 기구인 시정지원공사MAC; Municipal Assistance Corporation를 만들었다. 사람들은 이것을 맥도널드의 햄버거 이름인 빅맥에 빗대어 '빅 맥Big MAC'이라고 불렀다.

MAC는 뉴욕의 재정회복을 위한 다양한 정책을 펴는 한편, 1975년 6월 초에 30억 달러에 달하는 채권발행을 추진했다. 하지만 채권을 사려고 나서는 사람은 아무도 없었다. 끝이 훤히 보이는 게임에 주사위를 던지고 싶은 사람은 없는 법이었다. 1975년 가을, 뉴욕은 파산이 불가피한 지경에 다다랐다. 그런데 생각지도 못한 곳에서 대안이 나왔다. 바로 공공노조의 연금 25억 달러를 사용하여 채권을 사들이자는 것이었다.

채권매입을 거부하면 뉴욕이 도산하고, 그렇게 되면 공공노조의 모든 계약은 무효가 된다는 위협에 굴복한 노조는 결국 23억 달러를 들여 채권을 사들였다. 채권발행을 부추겼던 민간 금융기관들은 코빼기도 보이질 않았고, 애꿎은 35만 명의 뉴욕시 공공근로자들이 그 짐을 떠안게 된 것이다.

결국 노조의 지도자들은 MAC의 기업가들과 일하게 되면서 노조원들에게 지금까지 걸어왔던 정치적 노선을 바꾸라고 강요할 수밖에 없었다. 그렇게 해서 제2차 세계대전 이래 지켜왔던 공공부문 노조의 행동주의와 영향력은 난데없는 종말을 맞게 되었다. 이는 뉴욕시 경영에서 재계가 시정을 장악하는 것으로 신자유주의 시대의 서막을 여는 것과 다름없었다. 공공노조의 채권매입은 뉴욕시의 정상화를 기대한 정책이었지만, 결국 새로운 사회적 불안과 저항감을 일으켜 또 다른 위기를 가져오고 만 것이다.

공포의 도시에 온 것을 환영한다

아브라함 D. 빔 뉴욕시장은 1975년에 5만여 명에 달하는 뉴욕시의 계약근로자를 해고하는 계획을 발표했다. 이는 뉴욕 역사상 단일 최대 규모였다. 그러자 경찰과 소방노조를 비롯해 공공안전노조 등은 새

로운 캠페인을 준비했다. 이름하여 '공포의 도시에 온 것을 환영한다' 캠페인이었다. 노조는 《뉴욕 방문자를 위한 생존가이드Welcome to Fear City-A Survival Guide for Visitors to the City of New York》라는 4쪽짜리 팸플릿을 100만 부 인쇄했다. 거기엔 두건을 쓴 해골을 비롯해, 다음과 같은 내용이 포함되어 있었다.

오후 6시 이후 거리에 나돌아 다니지 마라

걷지 마라.

대중교통 이용을 피하라.

호텔 방에 귀중품을 놓고 외출하지 마라.

화재를 조심하라.

지금 들어도 섬뜩한 내용이다. 도시 곳곳에 이러한 내용이 담긴 팸플릿이 퍼져 있다고 상상해보라. 폭발 직전의 긴장감이 도시를 가득 채우고 있었을 것이다. 아브라함. D. 빔 뉴욕시장은 팸플릿을 돌리지 못하게 하라고 명령을 내리고, 법원에 배포금지를 신청하는 등 어떻게든 노조의 움직임을 저지하려 애썼다.

그해 6월 17일 이 캠페인은 중단되었다. ABNY의 회원 4명이 노조 대의원들과 만나 캠페인 중단을 요구했는데, 노조 측은 ABNY가 직접 나서서 시장과 대량해고 문제를 협상해줄 것으로 이해하고, 캠페인의 재개를 연기한 것이다. 그러나 ABNY는 기자회견을 열어 그런 적이 없다고 부인하면서 갈등은 끊이지 않았다.

어쨌든 재정위기 상황에서 뉴욕의 우선순위는 도시의 이미지를 사업하기 좋은 곳, 관광객들이 많이 찾는 곳으로 만드는 것이었다. 하지만 공공부문의 임금이나 뉴욕 시민들을 위한 서비스는 〈설국열차〉의 꼬리칸만큼이나 멀리 있었다.

I ♥NY, 위기의 뉴욕을 구출하다

뉴욕에 대한 부정적인 이미지는 사람들이 뉴욕을 멀리하게 만들었다. 그로 인한 경제적 손실이 160억 달러에 달한다는 충격적인 보고가 발표되기도 했다. 그런데 이 보고는 뉴욕을 다시 한번 관광과 마케팅에 집중하게 만들었다. 뉴욕의 브랜딩정책을 총괄한 사람은 1977년 선출된 휴 캐리 뉴욕 주지사였다. 그는 뉴욕상무부와 함께 뉴욕시를 변화시키기 위해 노력했다. 뉴욕상무부는 뉴욕시의 관광에 대한 심층조사를 시행했는데, 결과는 예상보다 더 끔찍했다. 어렵고, 비싸고, 위험하다는 인식이 뉴욕을 바라보는 시선이었던 것이다.

뉴욕상무부는 전문 시장조사기관의 조언에 따라 타임스퀘어의 볼거리, 브로드웨이의 조명 등을 강조하고 풍부한 자연환경, 금융센터 등을 내세우는 쪽으로 홍보의 방향을 정했다. 그리고 범죄, 교통체증, 높은 노조가입률 등의 부정적인 내용은 감출 것을 지시했다. 장점을 강조하고 단점은 숨기는 전략이었다.

밀튼 글레이저
Milton Glaser
미국을 대표하는 세계적인 그래픽 디자이너이자 일러스트레이터이다. 디자인 의뢰를 받고 고민하던 중에 우연히 냅킨에 스케치하여 만든 것이 가장 유명하고 인기 있는 로고가 되었다.

이 과정에서 생겨난 것이 우리가 익히 알고 있는 I♥NY라는 뉴욕의 로고다. 〈뉴욕매거진〉의 밀튼 글레이저가 디자인을 맡았는데, 이 작품은 로고로도 마케팅 도구로도 매우 효과적이었다.

바이럴 마케팅
viral marketing
소비자들이 자발적으로 상품에 대한 긍정적인 이야기를 하게 만드는 마케팅 기법으로 소위 말해 입소문 마케팅이라고 할 수 있다.

로고는 뉴욕주의 관광상품에도 잘 어울렸다. TV광고와 인쇄광고물에서도 눈에 띄는 매력이 있었다. 게다가 사람들에게 지식재산권을 요구하지 않고, 마음대로 사용하게 한 뉴욕상무부의 전략 덕택에 I♥NY 로고는 순식간에 번져나갔다. 소위 바이럴 마케팅의 최초 사례

중 하나였다. 밀튼 글레이저는 그때의 일을 다음과
같이 회상했다.

"나는 우리가 이것을 가지고 대략 6개월 정
도 캠페인을 하면 끝날 것이라고 생각했다. 왜 이
것이 뉴욕의 상징이 되었는지, 왜 그리 생명력이
긴지 나도 모른다. 그리고 그것은 전 세계로 퍼
졌다. 세계 어디를 가든 눈에 보인다. 정말 굉
장하다. 내 인생에서 많은 것을 했지만, 이것은 정말 엄청난 위력을 가
져왔다. 30년이 지난 지금에도 여전히 죽지 않고 생생하게 살아 있기
때문이다."

회복 2년 만에 최고의 관광도시가 되다

I♥NY 캠페인과는 달리 뉴욕은 점점 통제 불능의 상황이 되어가
고 있었다. 장기실업, 서비스 중단 및 축소, 저소득층을 위한 주택정책
폐지, 방화, 청소 인부의 파업 등 계속되는 악재 때문에 뉴욕 주민들은
고통을 느끼기 시작했다. 이것은 대다수 뉴요커들이 일상적으로 느끼
는 현실이었고, 애써 이룩한 뉴욕의 이미지마저 조금씩 훼손되어 갔다.
뉴욕은 재정적으로나 심리적으로나 심각한 우울증에 빠져 있었다.

I♥NY에 담긴 이미지는 뉴요커들의 일상과는 전혀 닿아 있지 않았다. 하지만 뉴욕시 당국은 I♥NY 캠페인으로 '뉴욕은 살기 좋은 곳'이라는 이미지를 사람들 마음속에 지속적으로 심어주려고 했었다. 이를 통해 참담한 현실을 잊게 하고 사람들의 마음을 돌리려 했던 것이다. 환상을 심어주려는 뉴욕시의 전략은 조금씩 대중의 마음을 움직였다. 많은 사람들이 I♥NY 티셔츠를 입고 기꺼이 캠페인에 동참하기 시작한 것이다.

결과적으로 I♥NY은 일반 대중에 유토피아적 충동을 일으킨 셈이 되었고, 이러한 충동은 정치적으로 쉽게 이용될 수 있었다. 사실 정치

적인 면에서 볼 때 I♥NY은 효자 중의 효자였다. 사람들이 참담한 현실을 잠시 잊고 캠페인에 빠져들었기 때문이다.

이와 더불어 뉴욕주 및 뉴욕시 당국은 뉴욕에 대한 인쇄물, TV광고, 가이드, 상업광고 등을 만들면서 5번 애비뉴의 쇼핑, 브로드웨이 극장, 세계무역센터 근처의 새로운 나이트 라이프 등 맨해튼 3개 지역을 집중적으로 소개하였다. 즉 뉴욕은 방문하기 좋은 곳이고, 돈 벌기 좋은 곳이라는 이미지를 만드는 데 홍보의 초점을 맞춘 것이다. 이러한 홍보 전략이 먹혀들었는지 여러 곳에서 뉴욕 관광패키지에 대한 요청이 엄청나게 들어왔다. 실제로 뉴욕을 방문한 관광객들도 기하급수적으로 늘어 1976~1977년간 관광객이 56.7퍼센트 증가했다. 이는 미국 전체 평균인 0.1퍼센트와 비교한다면 어마어마한 것이었다

I♥NY 캠페인 론칭 2년째가 되면서 I♥NY은 '미국에서 가장 많이 이야기가 되고 가장 성공적인 관광 프로그램'이 되었다. 더불어 I♥NY의 성공은 궁극적으로 뉴욕주와 뉴욕시가 추진해온 비즈니스 활성화에도 긍정적인 영향을 미쳤다.

1970년대 후반 뉴욕은 관광객의 천국이 되었고, 1980년대에 들어서도 이와 같은 추세는 지속되었다. 비즈니스 출장자, 컨벤션 참가자, 외국 관광객들이 몰려들었으며, 그들은 뉴욕 곳곳을 누비며 많은 돈을 썼다. 이에 맞추어 럭셔리 호텔, 관광시설 등도 많이 건축되었다. 바야흐로 뉴욕의 새로운 시대가 열린 것이다.

리브랜딩, 부상당한 도시의 심폐소생술

2001년에 일어난 9·11사태는 뉴욕의 브랜드 이미지에 엄청난 타격이 되었다. 뉴욕 시민은 물론이고 전 세계가 충격에 휩싸였다. 뉴욕이 테러의 도시가 된 것이다. I♥NY은 더 이상 사람들에게 환상을 불러일으키지 못했다. 엄청난 비극을 겪은 사람들의 감정을 다스리기 위해서는 새로운 로고와 슬로건이 필요했다.

밀튼 글레이저는 뉴욕 시민들을 위로할 새로운 로고 I♥NY More Than Ever를 생각해냈다. 하트모양 왼쪽 아래를 검게 표시하여 맨해튼의 9·11사태 현장을 의미하였다. 그는 새로 제작한 로고를 ESDCEmpire State Development(엠파이어스테이트 개발공사)로 보냈지만 별다른 반응이 없었다. 밀튼 글레이저는 포기하지 않고 자체적으

로 I♥NY More Than Ever 캠페인을 벌이기로 했다. 5천 매의 샘플을 제작한 뒤 학생들을 동원해 시내 상점에 붙이고, 자선단체 등에도 보내 모금행사에 사용하도록 한 것이다.

그런데 문제가 생겼다. 바로 I♥NY의 지식재산권을 가지고 있던 ESDC가 항의하고 나선 것이다. 과거에 무료로 사용하게 해주었던 것과는 달리, 1990년대부터 I♥NY 브랜드 관리 차원에서 지식재산권을 행사하여 상표권 침해를 적극적으로 단속했던 것이다. 밀튼 글레이저가 열었

> **지식재산권**
> 상표, 디자인, 문학, 음악, 미술 작품 등에 관한 저작권의 총칭으로 크게 산업재산권과 저작권으로 나눌 수 있다. 특히 지적소유권에 관한 문제는 보호장치의 유무와 제도상의 차이 때문에 국가 간 분쟁의 대상이 되기도 한다.

던 자선행사도 예외는 아니었다. 밀튼 글레이저는 뉴욕 주지사와 〈뉴욕타임스〉에 편지를 썼고, 이 문제가 불리하게 돌아가자 ESDC는 소송을 포기했다.

한편 9·11사태 이후 뉴욕을 찾는 관광객의 수는 오히려 늘었다. 사건 이전에는 세계무역센터 전망대를 찾는 사람들은 평균 1,800만 명이었으나, 2003년에는 공사 중인 이곳을 찾는 사람들은 2배 이상 늘었다. 2002년 〈뉴욕타임스〉는 "무너진 세계무역센터는 살아 있을 때 하지 못했던 일을 해냈다. 맨해튼 금융지구를 뉴욕에서 사람들이 가장 많이 찾는 관광명소 중의 하나로 만들었다."고 보도하기도 했다.

옛 세계무역센터 지역은 지금 새로운 금융상업 중심지로 변모하여 다시 전 세계 관광객들을 끌어들이는 명소가 되었다. 특히 프리덤타워Freedom Tower라고도 불리는 원월드트레이드센터의 원월드전망대는 엠파이어스테이트 빌딩 다음으로 관광객이 많이 찾는 명소가 되었다.

7장 뉴욕, 도시를 브랜딩하라

전국의
도시를
브랜딩하라!

✔ **아마 요즘 뉴욕을 방문하는 사람들은** 한때 뉴욕이 '통제불능 도시', '썩은 사과', '아스팔트 정글' 등으로 불렸던 것을 느끼지 못할 것이다. 맨해튼 거리는 전 세계에서 찾아온 관광객, 비즈니스 출장자, 각종 전시회 및 컨벤션 참석자, 뉴요커들이 섞여 항상 붐비고 있기 때문이다. 공포의 도시에서 세계 최고의 도시가 되기까지는 도시 브랜딩이라는 과정이 있었다. 우리나라도 서울을 비롯해 여러 지방도시들에서 도시를 홍보하고 알리려는 움직임이 많다. 이때 뉴욕의 도시 브랜딩 성공사례는 좋은 교과서가 될 것이다.

공포의 도시에서 전 세계인에게 사랑받는 I♥NY의 도시로! 지난 30년간 뉴욕이 채택한 브랜딩 전략은 뉴욕이 부활하는 데 일등 공신이라 할 수 있다. 특히 빅 애플Big Apple, I♥NY 등과 같이 브랜딩된 로고는 도시 마케팅에서 매우 효과적인 것으로 나타났다. I♥NY은 한때 물에 잠겨가던 뉴욕을 살리고 수많은 관광객과 기업을 유치하여 엄청난 돈을 안겨주었다.

매디슨 애비뉴의 조각공원에 있는
〈A Day in the Big Apple〉

물론 이러한 브랜딩 전략이 뉴욕이 세계의 중심지로 도약하는 데 어느 정도 영향을 미쳤는지 계량화하기는 어렵다. 그러나 도시 또한 시간이 지남에 따라 브랜딩 혹은 리브랜딩 전략이 필요하다는 것은 증명했다. 뉴욕 역시 최근에는 IT기업의 중심지로 리브랜딩하기 위해 'Made in NY'이라는 새로운 슬로건을 만들었다.

우리가 뉴욕의 브랜딩 사례에서 배울 수 있는 가장 중요한 점은 민간 전문가의 도움을 받았다는 것이다. 뉴욕시와 뉴욕주는 관광, 투자유치 현황과 문제점 파악을 위해 전문 조사기관을 활용하였고, 로고와 슬로건 제작을 위해 천재 미술디렉터인 밀튼 글레이저를 과감하게 발탁했다. 게다가 관료주의를 고집하지 않고 밀튼 글레이저의 의견을 들어줘서, I♥NY이라는 세상에서 가장 사랑받는 로고와 슬로건이 탄생하게 된 것이다.

즉 뉴욕의 경우 정부의 주도가 아닌 민간의 주도로 도시 살리기와 브랜딩 전략을 추진했다는 점이 주목할 만하다. 물론 그대로 방치했다간 삶의 터전을 잃게 될 것을 우려해서였지만, 모든 것이 정부 주도로 진행되는 우리 지자체에게는 귀감이 된다고 할 수 있다.

뉴욕의 브랜딩 사례는 세계적인 도시로 발돋움하려는 우리나라를 포함한 세계 각국의 도시들에게 많은 것을 시사하고 있다. 특히 장기화된 경제불황 때문에 고전하고 있는 국내 지자체들은 도시 브랜딩이 얼마나 많은 비즈니스 모델을 창출할 수 있는지 주목해야 할 것이다.

8장

세상을 바꾼
뉴욕의
비즈니스맨

도널드 트럼프,
어디선가 나를 찾는
돈 냄새가 풍기고

허드슨 강변의 트럼프 플레이스

사람 이름값이 41억 달러라고? 바로 도널드 트럼프 이야기이다. 베트남 하노이에서 북미 정상회담이 한창이던 2019년 2월 27일, 도널드 트럼프의 변호사였던 마이클 코언이 하원 공개 청문회에 출석하여 트럼프에 대해 증언했다. 이때 재무자료를 같이 제출했는데 의외의 것이 눈길을 끌었다. 도널드 트럼프의 개인재산이 2012년 46억 달러였는데, 2013년에는 트럼프 이름의 브랜드가치 41억 달러가 더해져 87억 달러라고 기재돼 있었던 것이다. 구체적인 산출근거에 대한 설명은 없었지만 세인의 관심을 끌기에 충분했다. 트럼프 브랜드를 30여 년 간 추적해온 브랜드 컨설팅 회사 브랜드키즈Brand Keys의 로버트 패시코프Robert Passikoff 사장은 "역사적으로 트럼프는 사람 브랜드의 가장 성공적인 사례"라고 말한다.

지금은 도널드 트럼프를 미국 대통령으로 기억하지만, 그는 미국에서 가장 유명한 비즈니스맨이었다. 갤럽 조사에 따르면 미국인의 98퍼센트가 그가 누구인지 안다. 인지도로 따지면 잭 웰치, 워런 버핏, 스티브 잡스, 빌 게이츠 등도 도널드 트럼프에 못 미친다. 가히 사람 자체가 브랜드가 되었다고 해도 과언이 아니다.

도널드 트럼프는 1946년 6월 뉴욕 퀸즈에서 태어났다. 부모로부터 최소 4천만 달러에서 최대 2억 달러의 유산을 물려받았다. 그야말로 금수저를 물고 태어났다. 아버지는 성공한 건설업자로 도널드 트럼프의 가장 큰 스승이자 멘토가 되어주었다. 많은 유산도 모자라, 어린 시절부터 아버지에게 비즈니스 교육을 받은 셈이다.

도널드 트럼프는 대학 졸업 후 자신의 아버지 회사에서 일을 시작했다. 그는 이미 대학 시절부터 아버지의 프로젝트를 맡아 성공한 경험을 가진 능력 있는 사업가였다. 그러나 도널드 트럼프는 부동산 개발로 자신의 인지도를 높이고 싶어 했다. 결국 그의 진가는 아버지의 사업을 벗어난 곳인 뉴욕 맨해튼에서 발휘되었다.

트럼프 오거니제이션
Trump Organization
트럼프 오거니제이션은 현재 500여 개의 사업체를 거느린 문어발 그룹으로 이 중 250여 개는 트럼프 이름을 사용하고 있다. 부동산, 호텔, 리조트, 카지노, 주거빌딩, 골프코스 등을 소유, 운영, 투자, 개발하고 있다. 아울러 엔터테인먼트, 출판, 방송, 모델 매니지먼트, 소매, 금융서비스, 식음료, 비즈니스 교육, 온라인 여행, 미인대회, 항공운송 분야에도 진출하고 있다.

1974년 기회가 찾아왔다. 그랜드 센트럴 역 근처에 있는 코모도르 호텔의 재개발 권리를 획득한 것이다. 그렇게 만든 것이 지금의 그랜드하얏트 호텔이다. 1980년 문을 연 호텔이 뉴욕에서 가장 인기 있는 비즈니스 장소가 되면서, 도널드 트럼프는 뉴욕에서 가장 성공한 부동산 개발업자가 되었다. 이때 그는 자신의 모든 사업을 관장할 유한회사 '트럼프 오거니제이션'을 세웠다.

도널드 트럼프의 맨해튼 개발은 이후에도 계속됐다. 맨해튼 5번 애비뉴 근처에 있는 58층짜리 주상복합 아파트 트럼프타워Trump Tower가 그것이다. 뉴욕의 랜드마크라고도 불리는 트럼프타워는 전면이 유리로 되어 있고 바닥과 벽을 모두 대리석으로 깔았다. 특히 6개 층을 모두 튼 건물 로비와 인공폭포는 뉴욕의 관광지로도 유명하다.

맨해튼 5번 애비뉴의 58층짜리 트럼프타워.

2001년에는 주변 건물의 공중권을 사들여 유엔본부 앞에 72층짜리 주거용 아파트를 완공했다. '트럼프 월드타워Trump World Tower'라고 명명된 이 건물은 그 당시 주거용 건물로는 가장 고층이었다.

공중권air right
건물의 소유자가 자기 건물 위로 추가 증축할 수 있는 공간에 대한 권리이다. 자세한 내용은 6장 참조.

도널드 트럼프는 뉴욕뿐만 아니라 다른 지역에서도 수많은 부동산 개발 프로젝트를 진행했다. 더불어 애틀랜타에 카지노를 짓기로 마음 먹었다. 1980년 카지노 건립을 위한 부지를 사들여야 했는데, 당시 부

6개 층을 모두 튼 트럼프 타워 로비.

지는 여러 사람이 조금씩 소유하고 있었다. 부지를 매입하는 과정에서 복잡한 법정싸움이 기다리고 있었지만, 도널드 트럼프는 끝까지 포기하지 않았다. 역경을 헤치고 결국 부지 매입에 성공한 그는 곧바로 카지노 건설에 들어갔다. 이렇게 손을 대는 곳마다 돈이 따라오는 그의 성공기에도 위기는 있었다.

1990년 1월 도널드 트럼프는 10억 달러를 들여 LA에 125층짜리 주상복합시설을 짓는다는 계획을 발표했다. 그런데 당시 부동산시장이 불황인 상황에서 이 계획은 부채를 급속히 늘리는 결과를 낳게 된다. 결국 그의 순자산은 17억 달러에서 5억 달러로 곤두박질쳤다. 파산을 면하기 위한 긴급수혈이 필요했다. 도널드 트럼프 시대는 끝이라는 소리도 있었다. 일부에서는 그의 추락을 1980년대 일어난 경제, 사회 및 비즈니스 거품의 상징으로 보기도 했다. 그러나 그는 9억 달러 적자위기를 딛고 보란 듯이 재기에 성공했다. 1997년 트럼프의 자산 가치는 20억 달러로 오히려 이전보다 높아졌고, 재기한 이야기를 담은 저서 《트럼프, 재기의 기술Trump: The Art of the Comeback》을 발간했다.

도널드 트럼프는 본업인 부동산 개발 외에 일일이 꼽자면 끝이 없을 정도로 다양하고 많은 분야에 손을 대고 있다. 특히 그는 자신의 이름을 브랜드화하여 라이선싱 사업을 하는 데 뛰어난 재능을 보였다. 서울에 있는 트럼프타워도 그의 이름을 사용하는 대가로 500만 달러를 지불한 것으로 알려져 있다.

자신의 이름을 브랜드화하는 것과 비슷한 맥락에서 도널드 트럼프는 연예인 기질도 다분하다. 그는 NBC의 비즈니스 리얼리티 프로그램 〈디어프렌티스〉를 제작하여 출연을 하기도 했다. 여기서 참가자들은 도널드 트럼프 회사의 연봉 25만 달러 1년짜리 고위직을 놓고 경쟁한다. 프로그램 말미에 도널드 트럼프는 탈락할 참가자에게 이렇게 말한다. "You're fired!" 이 대사는 인기를 끌었고, 그는 2004년에 이 캐치프레이즈에 대한 상표권 등록을 신청했다. 정말이지 돈 냄새를 맡는 데에는 귀신이라 하지 않을 수 없다. 도널드 트럼프는 2017년 1월 11일 미국 대통령이 되면서 트럼프 오거니제이션의 회장과 사장직에서 물러났다.

〈디어프렌티스
The Apprentice〉
2004년부터 미국에서 방영되기 시작한 시즌제 서바이벌 프로그램이다. 매회마다 다양한 프로젝트가 주어지는데, 두 팀으로 나뉘어 경쟁하고 가장 많은 이익을 남기는 팀이 승리한다. 진 팀에서는 한 사람이 해고된다. 최종 승자 1명이 도널드 트럼프 회사에 채용된다.

타고난
부의 화신?
노력형 사업가!

✔ **도널드 트럼프에 대한 세간의** 평가는 매우 들쭉날쭉하다. 어떤 사람들은 아메리칸드림 스토리의 표본이라고도 하고, 혹자는 명성을 이용하는 사기꾼이라고도 한다. 사실 그가 벌인 상당수 사업에서 돈을 빌려준 은행 등이 이자는커녕 원금 회수도 어려운 경우가 발생하기도 했다. 그뿐만 아니라 하도 많은 사업을 벌여 놓고 있다 보니 여기저기서 부작용도 따르고 있다. 일례로 The Trump Entrepreneur Initiative(전 Trump University)는 도널드 트럼프의 부동산 투자기법, 자산관리법, 기업가정신 등 돈 버는 법을 알려준다는 목적으로 5천여 명의 사람들에게 1,500달러부터 3만 5천 달러까지 수강료를 받았다. 2013년 8월 24일 뉴욕검찰총장 에릭 슈나이더맨Eric Schneiderman은 이 회사를 전형적인 미끼 상술(싼 광고 상품으로 손님을 끌어들여 비싼 것을 팔려는 상술)이라고 보고 4천 만 달러의 손배소를 제기하였다. 즉 1,500달러짜리 세미나에 참가시켜놓고 결국 3만 5천 달러짜리 프로그램을 듣도록 유인했다는 것이다.

도널드 트럼프는 결국 2,500만 달러를 배상하기로 합의했다.

하지만 도널드 트럼프가 이룬 성공은 인정하지 않을 수 없다. 사업은 곧 모험이다. 그가 뛰어든 사업 중에서 비록 일부는 기대에 미치지 못했지만, 상당수는 성공했다. 그렇다면 그가 성공한 사업에서 우리는 무엇을 배울 수 있을까?

첫째, 도널드 트럼프는 매우 세밀하고 현장 지향적이다. 그는 자신의 이름을 건 사업에는 하나도 빠짐없이 모두 관여하고 있다. 이러한 헌신이 오늘날의 그를 만든 것이다. 일례로 5번 애비뉴의 트럼프타워를 건설할 때 그는 브레치아 퍼니치 Breccia Pernice라고 불리는 아름답고 매우 비싼 이탈리아산 대리석을 원했다. 그런데 그 대리석은 품질이 불규칙한 데다가 흰색 점과 결이 있었다. 그래서 그는 직접 채석장으로 가서 가장 좋은 부분을 검은색 테이프로 표시를 했다. 앉아서 걱정만 하고 있던 것이 아니라 현장에 나가 직접 문제를 해결한 것이다.

둘째, 도널드 트럼프는 브랜드의 중요성을 알고, 이를 적극적으로 사업에 이용했다. 이 점은 우리가 정말 배워야 할 부분이다. 물론 지나치게 많은 제품과 서비스에 자신의 이름을 사용하여 의류, 향수 등 일부 품목에서 브랜드 가치가 떨어지기도 했다. 하지만 전반적으로는 도널드 트럼프 이름이 사업에 도움이 된 것으로 평가된다.

마지막은 과감하면서도 공격적인 그의 비즈니스 방식이다. 그는 "공포는 늑대를 실제보다 크게 보이도록 만든다"라는 독일 속담을 인용하며, 사업할 때 두려움보다는 자신에 대한 믿음과 도전정신을 가지라고 권한다. 그의 사업방식이 문어발식 확장이라고 폄하하는 사람들도 있지만, 결과가 어떻게 되었든 자기 자신에 대한 믿음을 바탕으로 미지의 세계로 뛰어드는 도전, 모험정신만큼은 높이 살 만하다. 이것이 오늘날의 '더 트럼프The Trump'를 만든 것이다.

제이 지,
비즈니스맨이 아니라
나 자체가 비즈니스다

제이 지가 운영하는 클럽 40/40의 내부.

스스로를 힙합계의 마이클 조던, 블랙 워런 버핏이라고 당당히 소개하는 사람이 있다. 바로 제이 지Jay- Z 이야기이다. 부와 명예, 그리고 비욘세Beyoncé를 아내로 둔 그는 정말이지 다 가진 남자처럼 보인다. 그런데 여기서 잠깐, 비욘세도 누군지 모르시는 분 손! 좋은 음악 한 곡 더 알아둬도 나쁠 건 없으니 유튜브에서 비욘세의 음악을 들어보기를 추천한다. 또 들어간 김에, 제이 지의 명곡인 〈Empire State of Mind〉도 들어보자. 제이 지의 랩 부분은 잘 기억하지 못해도 앨리샤 키스가 부르는 후렴구, 예의 그 "뉴욕, 뉴욕, 뉴욕"은 신세대 버전의 뉴욕 찬가라는 표현이 딱 들어맞는다.

제이 지를 가수로만 알고 있었던 분들에겐 놀라울 수도 있겠지만, 그는 재산이 무려 10억 달러 가까이 되는 사업가이다. 〈포브스〉는 2018년 미국 주요 셀럽 재산 순위에서 제이 지를 조지 루카스, 스티븐 스필버그, 오프라 윈프리, 마이클 조던에 이은 5위(9억 달러)로 평가했다. 게다가 세계적인 팝 가수 비욘세의 남편이기도 하니 정말이지 남부러울 것이 없어 보인다. 하지만 제이 지의 삶이 처음부터 평탄했던 것은 아니다.

　브루클린의 빈민가에서 태어난 제이 지는 아버지의 가출, 이어지는 가난, 사회에서 받는 계급과 인종차별 등 무척 어려운 환경에서 자랐다. 열일곱에는 약에 취한 형이 자신의 반지를 훔치려 하자 총으로 어깨를 쏜 일도 있었다. 마음 놓고 쉴 수 있는 집도 없었던 것이다.

　그는 어린 시절부터 온갖 종류의 허드렛일은 물론, 뉴욕 곳곳의 건물에서 노상을 하는 등 안 해본 일이 없을 정도다. 물론 마약을 파는 일도 거기에 포함된다. 하지만 그는 자신의 마약소매상 생활에 대해 결코 감추려 하지 않고, 오히려 '제이 지가 되기 위해 숀 카터Shawn Carter(제이 지의 본명)를 버릴 필요가 없었다'며 지금의 제이 지가 된 밑거름이 되었다고 주장했다. 마약을 판 것은 불법이지만 그 과정에서 제이 지가 배운 것은 다름 아닌 비즈니스였던 것이다.

노토리어스 B.I.G
The Notorious B.I.G
뉴욕 출신의 래퍼로 투팍과 함께 1990년대 미국 힙합계의 대부로 불린다. 《Ready To Die》라는 앨범이 데뷔작이자 최고의 히트작으로 불린다.

　제이 지는 브루클린의 일라이 휘트니 고등학교에 다녔는데 거기서 전설적인 래퍼가 된 노토리어스 B.I.G를 만난다. 그 시기에 노토리어스 B.I.G를 포함한 브루클린의 친구들과 함께 힙합 음악에 빠져 랩을 녹음하기 시작한다. 1995년 제이 지는 데이먼 대쉬Damon Dash와 함께 락카펠라Roc-A-Fella라는 레이블을 만들었다. 레이블의 첫 작품으로 "In My Lifetime"이라는 뮤직비디오를 만들었는데, 이를 계기로 메이저 레코드사들이 제이 지와 음반을 내고 싶어 했다. 그러나 제이 지는 대형 레코드 회사와의 노예계약 체결을 거부하고 락카펠라 이름으로 발매했다.

결과적으로 그 고집은 옳았다. 20년이 지난 지금에도 수백만 장이 팔리고 있기 때문이다.

데뷔 앨범인 《Reasonable Doubt》는 첫해에 150만 장이 팔렸고, 1997년 데프잼Def Jam 레코드사와 같이 낸 《In My Lifetime》 Vol.1은 더 빠르게 플래티넘 레코드가 되었다. 1998년에 발표한 《Hard Knock Life》는 전 세계적으로 1,200만 장이나 팔려나갔고, 수록곡인 〈Hard Knock Life〉로 그래미상을 받았다. 그리고 54개 도시를 순회하는 'Hard Knock Life' 공연으로 2천만 달러를 벌어 들였다. 3번째 스튜디오 앨범 《Vol.2…Hard Knock Life》로 국제적인 슈퍼스타가 되었고, 《Vol.3…Life and Times of S. Carter》는 발매 즉시 300만 장이 팔렸다. 제이 지는 앨범을 낼 때마다 새롭고 다양한 시도를 했다. 유행을 따라

> **《Hard Knock Life》**
> 제이 지 3집으로 노토리어스 B.I.G와 투팍에 버금갈 만한 앨범이라는 평가를 들었다. 특히 3집에서 선보인 패스트 (fast) 래핑이 팬들의 큰 호응을 얻었고, 새로운 스타일을 선보였다는 평을 들었다.

가는 것이 아니라 그것을 만드는 위치에 서려고 한 것이다. 그건 비단 음악적 성공에만 국한되는 것이 아니었다. 비즈니스 감각에도 영향을 주어 그를 엄청난 사업가로 거듭나게 했다.

　제이 지와 데이먼 대쉬는 의류 브랜드 로카웨어Roccawear와 보드카 브랜드인 아메데일Armadale Vodka도 론칭했다. 2000년에 로카웨어의 매출액은 5천만 달러를 기록했고 신발, 향수, 패션액세서리로 확장하면서 연매출이 4억 5천만 달러에 달했다. 2007년에 제이 지는 연매출 7억 달러를 넘은 로카웨어를 2억 400만 달러에 아이코닉스브랜드그룹 ICONIX Brand Group에 매각했다.

　2004년에 제이 지는 데프잼 레코드사의 사장이 되었고 락카펠라레이블을 100퍼센트 소유하게 되었다. 2008년에는 데프잼 레코드

를 떠났고 2009년부터 순회공연을 하기 시작했다. 그리고 자신의 레이블인 락네이션Roc Nation을 론칭했다. 제이 지는 여기서 레인메이커Rainmaker, 즉 인재를 영입해오는 대신 동업자로서의 위치를 확고히 하고 있다. 물론 그는 스포츠 스타 영입에도 수완이 좋았다. NFL, NBA, MLB 소속 메이저 리그 선수들을 매니지먼트하고 있으며 최근에는 맨체스터 유나이티트 공격수인 로멜로 루카쿠Romelo Lukaku와 계약을 맺기도 했다.

한편 광고시장에서 제이 지의 유명세는 광고회사들이 항상 탐내는 대상이었다. 그러나 제이 지는 그저 돈을 받고 광고모델을 해주는 것을 싫어했다. 항상 뭔가를 할 때 주인공이 되는 것을 원했다. 그래서 동업을 선호했다. 리복과의 사업에서도 마찬가지였다. 나이키에 밀리고 있던 리복은 2003년 힙합과 랩이 주류 문화로 받아들여지기 시작할 때

제이 지를 모델로 활용하고자 했다. 그 당시 리복은 13~29세 연령대에서 나이키, 아디다스, 뉴발란스에 이어 4위에 머물고 있었다. 협상 끝에 합작투자를 통해 제이 지의 본명을 딴 'S. 카터S. Carter'라는 독자 브랜드를 출시하기로 했다. 그는 광고모델이 아닌 '동등한 파트너'라는 데 큰 의미를 두었다. 결국 제이 지는 운동선수가 아닌 사람으로서 최초로 자기 이름의 스니커즈를 갖게 되었다. 그 뿐만이 아니다. 제이 지는 스포츠 에이전시 사업에도 손을 댔다. 스포츠 선수 매니지먼트 부서인 락 네이션스포츠Roc Nation Sports를 만든 것이다.

아울러 제이 지는 2012년부터 대형 음악 축제인 '메이드인아메리카 페스티벌Made In America Festival'을 필라델피아에서 개최하고 있다. 이 음악 축제에는 매년 8만 명이 찾아오며, 티켓 판매액만 500만 달러에 달하고, 필라델피아시에 매년 1천만 달러의 경제적 효과를 제공하고 있다.

한편 제이 지는 2015년부터 타이달TIDAL이라는 유료 음악 스트리밍 서비스 사업도 시작했다. 타이달은 제이 지를 비롯하여 비욘세, 마돈나, 앨리샤 키스 등의 뮤직 아티스트들이 주식을 소유한 최초의 음악 스트리밍 서비스업체이다. 이 스트리밍 서비스는 하이파이HiFi 음질은 일반 사용자의 경우 월 19.99달러를 받는다. 아티스트들에게 주는 로얄티가 스포티파이Spotify보다 3배나 높다고 한다.

제이 지가 지금까지 이룬 업적은 빌 게이츠, 스티브 잡스와 같은 성공한 비즈니스맨들과 비교했을 때, 어쩌면 초라하다고 해야 어울릴

지도 모른다. 그러나 비즈니스 스쿨이 아닌 뉴욕 브루클린 거리에서 마약을 팔며 사업수완을 익혔다면 얘기는 달라진다. 그는 열악한 가정의 청소년들에게 희망이 될 수 있는 아메리칸드림의 진정한 표본이라고 할 수 있다.

스스로가
걸어 다니는
사업체가 되어라!

✔ **2013년 7월, 제이 지의** 12번째 스튜디오 앨범 《Magna Carta Holy Grail》이 발표됐다. 그런데 마케팅 방식이 사람들을 놀라게 했다. 보통 신곡이나 앨범이 나오면 라디오 음악방송이나 〈롤링스톤〉 같은 음악잡지의 표지 등에 소개되는 것이 일반적이다. 그런데 제이 지는 전혀 새로운 마케팅 방식을 도입했다.

앨범이 정식으로 출시되기 5일 전 NBA 파이널 5차전 경기 중에 3분짜리 광고 형태로 기습 발표된 것이다. 광고에는 제이 지가 자신의 스튜디오에서 브루클린 네츠 농구팀의 모자를 거꾸로 쓰고 릭 루빈, 팀발랜드 등의 프로듀서들에게 여러 얘기를 하면서 "우리는 새로운 규칙을 써야 합니다."라고 말하는 장면이 나온다. 그리고 마지막에 삼성 갤럭시 로고가 등장한다.

이 광고는 앨범 사이트(www.magnacartaholygrail.com)에 들어가 무료 앱을 다운로드하면, 앨범에 수록된 신곡을 공짜로 들을 수 있다고 안내했다. 그런데 의문이 생긴다. 아니 공짜로 다운로드를 받게 하면 어디서 수익을 얻지? 여기에 마케팅의 비결이 숨어 있다. 제이 지와 삼성은 서로 원-윈하는 계약을 맺었던 것이다. 삼성은 제이 지의 12번째 앨범을 1장당 5달러씩, 총 100만 장을 구입했다. 그리고 삼성의 스마트폰과 태블릿 사용자에게 무료로 배포한 것이다. 이 계약으로 삼성은 제이 지의 유명세를 이용한 광고효과를 톡톡히 볼 수 있었다. 제이 지 역시 음원을 공개하지도 않은 새 앨범으로 500만 달러의 수익을 올릴 수 있었으며, 스마트폰 시장점유율 선두를 달리는 삼성의 제품 사용자에게 앨범을 홍보할 수 있었다. 게다가 제이 지는 자신의 앨범을 다운로드한 100만 명 이상의 메일링 리스트를 얻을 수 있었다. 이 리스트는 뮤직 스트리밍 사업 등에 유용하게 쓰일 수 있는 귀중한 자료였다. 〈월스트리트저널〉은 삼성과 제이 지의 파트너십이 2천 만 달러 이상의 가치가 있다고 평가했다.

한편 그는 사업에서 가장 중요한 것을 일찌감치 깨닫고 있었다. 바로 브랜드이다. 그는 자신의 이름은 물론 딸의 이름까지도 브랜드화했다. 남들이 악용하기 전에 상표등록을 한 것이다. 딸의 이름인 블루 아이비 카터Blue Ivy Carter도 상표로 등록하여 유모차, 아기 턱받이, 노리개젖꼭지 등과 같은 유아용품 판매에 사용하고 있다. 이처럼 제이 지는 그 자신이 걸어 다니는 브랜드요 사업체이다.

제이 지는 어느 누구보다도 흑인과 백인 문화, 브루클린 빈민가와 트라이베카 고급 주거지, 예술과 상업을 조화하는 데 뛰어난 재능을 보였다. 제이 지는 10년 전에 억만장자를 목표로 했었다. 이미 그 수치는 넘어섰다. "난 10억 달러를 원한다Fuck it, I want a billion"고 노래하던 그의 성공은 단순히 우연이 아니다. 뛰어난 비즈니스 능력의 산물이다.

**캘빈 클라인,
행운의 여신은**
노력한 자에게만 나타난다

1968년 3월, 본위트 텔러 백화점의 돈 오브라이언 이사는 어느 날 요크 호텔에 갔다. 그때 그는 엘리베이터에서 실수로 자신이 내려야 할 곳이 아닌 층에서 내리고 말았다. 그런데 그 실수 때문에 미국 패션계를 대표하는 캘빈 클라인이 탄생할 수 있었다.

캘빈 클라인은 유태계 이민자의 아들로 뉴욕 브롱크스에서 태어났다. 어린 시절부터 패션에 남다른 관심이 있었던 그는, 친구의 엄마가 디자이너라는 사실을 알자마자 그녀에게 자신의 스케치와 아이디어를 보여줄 정도로 의욕이 넘쳤다. 이후 그는 미술 고등학교를 졸업하고 FIT(뉴욕 패션기술대학)에 입학하며 패션디자인에 대한 꿈을 키웠다. FIT 졸업 후 그는 뉴욕의 여러 의상실에서 디자이너로 일하며 기초를 다졌고, 1968년 오랜 친구인 배리 슈워츠Barry Schwartz 아버지에게 1만 달러를 빌려 자신의 이름을 걸고 회사를 차렸다.

같은 해 3월, 캘빈 클라인은 맨해튼 7번 애비뉴에 있는 요크 호텔의 613호를 빌려 쇼룸으로 만들었다. 그러던 중 행운의 여신이 캘빈 클라인에게 손을 내밀었다. 바로 본위트텔러 백화점의 돈 오브라이언Don O'Brian이 엘리베이터에서 잘못 내렸고, 그 덕에 캘빈 클라인의 쇼룸에 걸려 있던 코트들을 보게 된 것이다. 코트가 마음에 들었던 돈 오브라이언은 당시 패션계의 실력자인 밀드레드 커스틴Mildred Custin 사장에게 캘빈 클라인을 소개했고, 그녀는 그 자리에서 5만 달러어치의 코트와 드레스를 주문했다. 백화점 측은 〈뉴욕타임스〉 일요일 판에 캘빈 클라인의 옷들을 전면광고하고, 백화점의 8개 쇼윈도에 모두 진열했다. 옷들은 엄청나게 팔려나갔고, 그 해 말 캘빈 클라인은 100만 달러의 매출을 올리게 되었다. 그야말로 영화 같은 성공 스토리다.

1973년 캘빈 클라인은 미국 패션비평가상인 코티Coty상을 받았는데, 그 당시로서는 최연소 기록이었다. 또한 3년 연속 수상하는 영광을 누리기도 했다. 1978년 그의 나이 36세에는 창업 10년 만에 1억 달러의 연매출을 기록하기도 했다. 캘빈 클라인의 승승장구는 여기서 그치지 않았다. 1982년 캘빈 클라인은 남자 속옷의 패션화를 주장하며 선도적인 역할을 했다. 그 당시 남자 속옷은 온통 흰색으로 3개들이 한 묶음으로 팔았는데, 주로 부인들이 사다 주는 식이었다. 여기에 반기를 든 것이 캘빈 클라인이다. 단순히 기능적 역할을 하던 남자 속옷을 패션화한 것은 캘빈 클라인이 처음이었다. 그렇게 캘빈 클라인의 언더웨어는 새롭고 특별한 위치를 차지하게 되었다. 더불어 캘빈 클라인의 상표는 남성 속옷뿐만 아니라 액세서리, 디자이너 청바지, 향수, 화장품, 시계 등 다양한 영역으로 확장되었다.

1976년 캘빈 클라인은 〈보그〉의 편집장이었던 프린세스 스타인 Frances Stein을 디자인팀으로 데려왔다. 프린세스 스타인은 3년간 그와 함께 일했는데, 그 시기는 캘빈 클라인의 전성기였다. 캘빈 클라인은 그 당시에 섹슈얼리티, 관능, 고전주의로 대변되는 그만의 패션세계를 만들어가고 있었다.

멈출 줄 모르는 그의 성공가도에도 위기는 찾아왔다. 1992년 캐시카우였던 청바지시장이 추락하면서 회사의 부채이자를 갚는 것도 어려워졌기 때문이다. 회사의 존폐를 위협하는 심각한 순간에 캘빈 클라인의 한 친구가 무려 6,200만 달러의 부채를 사들이며 급한 불을 겨우 끌 수 있었다.

> **캐시카우cash cow**
> 확실하게 돈벌이가 되는 상품이나 사업을 의미한다. 시장 성장률은 낮으나 현재 시장점유율이 높아 계속적으로 현금을 발생시키는 사업부문을 말한다.

친구 덕분에 회사를 겨우 유지하긴 했지만 그것만으로 캘빈 클라인의 회복은 어림없었다. 진정한 구원의 손길은 아주 가까운 곳에 있었으니 바로 그의 딸인 마시Marci였다.

그 당시 마시는 막 대학을 졸업하고 직장에 다니기 시작한 사회 초년병이었다. 그런데 사회 초년병이 구입하기에 캘빈 클라인은 너무 비쌌다. 거기서 착안한 캘빈 클라인은 젊은이들을 겨냥한 저가 라인 cK를 개발했다. 또한 남녀공용 향수인 cK One을 내놓아 엄청난 히트를 기록했다. 이와 더불어 케이트 모스를 주인공으로 한 광고도 인기에 한몫을 했다. 결국 1993년 캘빈 클라인은 패션계의 아카데미상이라고 불리는 미국패션디자이너협회CFDA; Council of Fashion Designers of America's American Fashion Awards에서 남성복과 여성복 부문 모두 올해의 디자이너로 선정

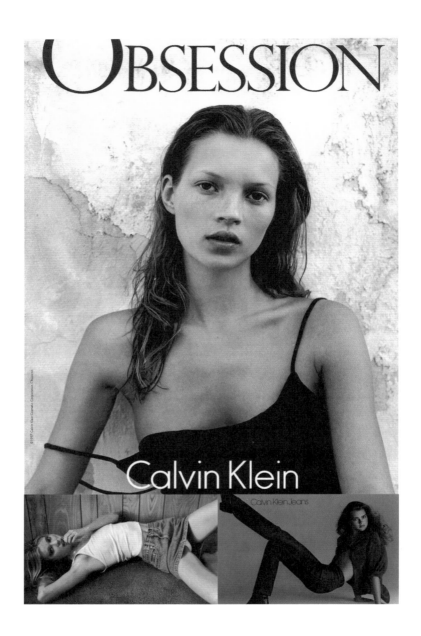

8장 세상을 바꾼 뉴욕의 비즈니스맨

되는 최초의 인물이 되었다.

한편 우리에게 가장 익숙한 캘빈 클라인 청바지의 출발은 1977년 어느 날 새벽 4시경에 이루어진다. 그날 클럽에서 술을 마시고 있던 캘빈 클라인에게 한 사람이 다가왔다. 그리고 그의 귀에 '청바지에 당신 이름을 새겨 넣는 것이 어떠냐?'고 말했다. 음악이 귀청을 찢었고, 술기운이 돌았지만 캘빈 클라인은 그 아이디어의 엄청난 잠재력을 곧바로 알아봤다.

캘빈 클라인은 항상 어떻게 하면 대중에게 다가갈 수 있을지 고민하고 있었다. 그런데 청바지가 그것을 가능하게 해줄 것이라고 생각한 것이다. 캘빈 클라인은 그날 아침 그의 동업자이자 절친한 친구인 배리 슈워츠에게 전화했다. 그리고 디자이너 청바지에 대한 그의 구상을 구체적으로 설명했다. 배리 슈워츠는 드레스 제조 전문이었던 퓨리탄패션을 설득하여 청바지시장에 뛰어들게 했다.

청바지 뒷주머니에 캘빈 클라인 이름을 새긴 디자이너 청바지는 새로운 시장을 창출하며 엄청난 인기를 끌었다. 그 당시 생산원가가 19.75달러였던 디자이너 청바지는 소매가격 40달러에 날개 돋친 듯이 팔려 나갔고, 퓨리탄패션은 일주일에 50만 벌의 청바지를 출하했다. 5년 후 캘빈 클라인은 퓨리탄패션을 6,800만 달러에 인수했고, 청바지라는 아이템 하나만으로 연매출 5억 달러를 돌파했다.

승승장구하던 캘빈 클라인은 1992년 파산 위기를 맞지만, 1990년 대 후반에 속옷, 향수, 스포츠의류의 성공으로 재기에 성공했다. 특히 캘빈 클라인의 남성복 수석디자이너 존 바바토스John Varvatos가 박서브리프Boxer briefs라 불리는 남성팬티를 창안하여, 세기의 혁명적 속옷으로 칭송을 받았다.

1999년 캘빈 클라인은 회사를 10억 달러에 매각하려 했으나 너무 높은 가격 때문에 인수자가 나서지 않았다. 결국 2002년 12월 필립스 반호이젠PVH; Phillips-Van Heusen에 매각되었다. 매각대금은 현금 4억 달러, 3천만 달러 상당의 주식, 그리고 향후 15년간 매출에 따른 라이선싱피 및 로얄티(대략 2억~3억 달러)였다.

캘빈 클라인은 이제 '캘빈 클라인'이라는 회사와 상관없어졌지만, 미국을 대표하는 패션브랜드로 여전히 세계인들의 사랑을 받고 있다.

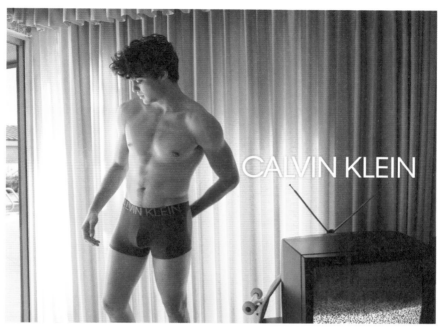

사소한 것에서
유행을
디자인하라!

✔ **캘빈 클라인은 패션디자인만큼이나** 비즈니스 감각 역시 남달랐다. 그는 남들이 간과한 사소한 것에서 새로운 시장을 창출하고 유행을 만들어내는 천부적인 재능이 있었다. 이러한 재능은 1980년에 당시 15세의 브룩 실즈Brooke Shields를 모델로 발탁한 TV광고에서 두드러졌다.

광고는 브룩 실즈가 〈클레멘타인〉 선율의 휘파람이 배경음악으로 나오는 가운데, 양 허벅지를 벌리고 앉아 있는 묘한 자세에서 "당신은 나와 캘빈 사이에 무엇이 있는지 아세요? 아무것도"라고 말하며 끝난다. 더군다나 이 광고는 1978년 개봉한 영화 〈프리티 베이비〉에서 브룩 실즈가 소녀 매춘부 역할을 한 적이 있어서 더욱 논란을 불러일으켰다. 너무 선정적이라고 판단한 미국 3대 방송사는 광고를 금지했지만, 캘빈 클라인 청바지는 한 달 동안 무려 200만 벌이나 팔려나갔다. 캘빈 클라인과 브룩 실즈는 이 광고 덕택에 1982년 〈피플〉 표지에 등장하기도 했다.

번뜩이는 아이디어와 타고난 사업가 자질 말고도 캘빈 클라인에게서 배울 점은 많다. 일단 그는 자신의 오랜 친구이자 동업자인 배리 슈워츠를 끝까지 유지하고 신뢰했다. 물론 배리 슈워츠의 비즈니스 감각과 캘빈 클라인의 천재적 디자인 능력이 시너지 효과를 내기도 했지만, 수많은 동업관계가 나중에 이해관계에 따라 쉽게 깨지고 있음을 볼 때 주목할 만하다.

또한 성공한 모든 디자이너가 그러하듯이 캘빈 클라인도 자신의 재능에 엄청난 노력을 더했다. 회사를 차린 지 10년 만에 엄청난 부를 거둔 그였지만, 회사를 차리기까지는 7년이라는 시간이 필요했다. 그 시간 동안 남의 가게를 전전하며 업계의 생리를 파악하고 기초를 다졌다. 이러한 기간은 그에게 사람들과의 관계가 중요하다는 것을 알게 해주기도 했다. 기성 디자이너들과의 관계도 잘 유지하고, 자기 브랜드를 대중에게 홍보해줄 미디어 분야에서 든든한 후원자를 만드는 계기가 되었으니 말이다.

캘빈 클라인은 그 당시 패션계에 포함되지 않았던 분야에 눈을 돌리고 그것을 시장으로 포섭했다. 속옷과 청바지 등 남들이 간과한 분야를 찾아낸 것이다. 마케팅과 브랜딩의 중요성도 누구보다 일찍 깨닫고 그것을 활용할 줄 알았다. 자기 자신의 매력도 십분 활용했을 뿐만 아니라, 시대를 앞서가는 광고를 통해 이슈를 만들어 브랜드 인지도와 가치를 높이기도 했다.

9장

실리콘밸리를
넘어서는
뉴욕

스타트업의
새로운 둥지,
뉴욕

뉴요테크밋업의 발표자가 청중의
주의를 끌기 위해 콧수염을 붙였다.

뉴욕에서는 브로드웨이 뮤지컬 티켓보다 훨씬 더 구하기 어려운 티켓이 있다. 바로 '스타트업쇼' 티켓이다. 뉴욕테크얼라이언스New York Tech Alliance(2016년 New York Tech Meetup과 New York Technology Council의 합병으로 탄생)가 주관하는 '뉴욕테크밋업NY Tech Meetup'은 전 세계에서 가장 큰 밋업그룹으로 매월 9~10개의 스타트업에게 피칭할 기회를 준다. 이 쇼를 보기 위해 벤처캐피털, 기업가, 개발자, 미디어 등 전 세계에서 다양한 사람들이 구름처럼 몰려든다. 왜냐고? 바로 이곳에서 텀블러Tumblr, 포어스퀘어Foursquare 같은 새로운 비즈니스 모델이 탄생하기 때문이다.

스타트업
startup
신규 창업 기업. 새로운 비즈니스 모델을 개발하는 신생 회사를 일컫는 말로 스타트업이라는 신조어는 미국 실리콘밸리에서 생겨났다.

벤처캐피털
venture capital
신생 벤처기업에 담보 없이 주식투자 형식으로 투자하는 기업이나 기업의 자본을 뜻한다.

www. 나는 뉴욕의 스타트업이다.nyc

뉴욕은 현재 7천 여 개의 스타트업들이 활동하고 있는 세계 제2위의 스타트업 생태계이다. 그럼 1위는 어디냐고? 물론 아직은 샌프란시스코이다. 그렇지만 발전 속도로 보아 뉴욕이 1위로 등극할 날이 멀지 않았다고 본다. 뉴욕이 단기간 내에 스타트업의 요람이 된 것은 벤처캐피털, 인큐베이터incubator, 액셀러레이터accelerator, 밋업meet-ups, 대학 등 창업에 필요한 돈, 컨설팅, 인적자원 등이 풍부히 공급되기 때문이다. 특히 인종의 용광로답게 창업자 4명 중 1명은 이민자이다.

당연히 먹이를 찾아 헤매는 하이에나들처럼 글로벌 벤처캐피털들은 보석이 될 스타트업 원석 찾기에 혈안이 되어 있다. 글로벌 벤처캐피털들은 2017년, 2018년 연속하여 120억 달러 이상의 엄청난 돈을 뉴욕 스타트업들에게 쏟아부었다. 이는 10년 전에 비해 3배에 달하는 규모이다. 그 결과 2006년에 보스턴, LA, 시애틀에도 밀렸던 뉴욕은 이제 샌프란시스코에 이은 2위의 글로벌 스타트업 생태계가 되었다.

실리콘밸리Silicon Valley
미 캘리포니아주 샌프란시스코만 남부 지역을 가리키는 말이다. 반도체와 컴퓨터 관련 기업 등 첨단기술 회사들이 이 지역에 밀집되어 있어서, 기술혁신을 주도하는 중심지로 알려져 있다.

뉴욕의 스타트업을 얘기할 때 실리콘앨리Silicon Alley 라는 용어가 나온다. 원래는 1990년 뉴욕의 1세대 IT 스타트업들이 군집해 있던 맨해튼 플랫아이언 디스트릭트 근처를 의미했으나, 2000년 초의 닷컴 버블 붕괴 이후 사실상 의미가 없어졌다. 2003년에 뉴욕의 IT 스타트업들이 다시 부활을 시작할 때는, 플랫아이언Flatiron이라는 특정 지역을 벗어나 사실상 뉴욕 전체가 스타트업의 산실이 되었기 때문이다. 그래서 지금은 실리콘앨리로 불리었던 플랫아이언 디스트릭트에는 핀테크FinTech와 광고테크AdTech가 많고, 브루클린에는 어번테크UrbanTech, 플랜트테크 PlantTech, 크리에이티브테크CreativeTech가 몰려들고 있다. 퀸즈는 푸드테크FoodTech와 바이오테크BioTech의 중심지가 되었고, 할렘 및 브롱크스

2017년 뉴욕 Tech Day.

맨해튼 IT 스타트업의 중심지
플랫아이언 디스트릭트.

에는 사회적 기업, 첼시에는 패션테크FashionTech가 많다.

실리콘밸리와 뉴욕은 여러 가지로 비교 대상이다. 뉴욕 사람들은 실질적, 실용적인 정신이 있다. 그리고 실리콘밸리보다 상업적이다. 뉴욕 사람들은 사업을 통해 돈을 벌기를 원하기 때문이다. 그래서 뉴욕의 대다수 창업자들은 엔지니어가 아닌 기업가이다. 그리고 이들은 비즈니스를 우선으로 한다. 기술 자체보다는 기술의 응용과 상용화에 초점을 맞추는 것이 뉴욕의 특징이라고 할 수 있다.

2013년에는 뉴욕과 실리콘밸리의 확실한 차별점이 등장했다. 미국의 도시들 중에서 최초로 '.nyc'라는 인터넷 도메인을 갖게 된 것이다. 앞으로 뉴욕 기반의 스타트업들은 '.com' 대신에 '나는 뉴욕 출신이다'임을 내세울 수 있는 '.nyc'를 사용하게 될 것이다. 이는 뉴욕의 이미지와 어우러져 시너지 효과를 낼 것으로 예상된다.

풍성한 수확의 뉴욕 스타트업 생태계

스타트업들이 돈을 버는 방법은 크게 두 가지로 상장IPO과 매각이 있다. 이를 엑시트Exit라고 한다. 창업자 김소희가 '스타일난다'를 로레알에 매각한 것처럼 말이다. 일반적으로 스타트업은 상장보다는 매각, 즉 기존 대기업에 인수를 당하는 사례가 대부분이다. 왜냐하면 상장하려면 충족요건이 까다롭고 시간이 오래 걸리기 때문이다.

그렇다면 최근 상장에 성공한 뉴욕 스타트업들은? 셔터스톡 Shutterstock(2012년), 텔라리아Telaria(2013년), 트레머비디오Tremor Video(2013년), 에스에프엑스엔터테인먼트SFX Entertainment(2014년), 바로니스 Varonis(2014년), 온덱Ondeck(2014년), 보더프리Borderfree(2014년), 엣시 Etsy(2015년), 몽고디비MongoDB(2017년), 스트Yext(2017년), 블루에이프런Blue Apron(2017년) 등이 대표적이다

그리고 수많은 글로벌 기업들이 뉴욕의 유망한 스타트업을 거액을 들여 인수했다. 앱넥서스AppNexus(16억 달러, AT&T), 플랫아이언 Flatiron(21억 달러, Roche), 다토Datto(15억 달러, VISTA), 모앗MOAT(8억 5천만 달러, Oracle), 젯닷컴Jet.com(33억 달러, Walmart), 1010데이터1010DATA(5억 달러, ADVANCE), 버추스트림Virtustream(12억 달러, VMWARE), 텀블러Tumblr(15억 달러, Yahoo), 인디드Indeed(10억 달러, Recruit), 버디미디어BuddyMedia(7억 4,500만 달러, Salesforce), 메이커봇MakerBot(6억 400만 달러, Stratasys), 포토리아Fotolia(8억 달러, Adobe), 제너럴어셈블리General Assembly(4억 1,300만 달러, Adecco), 비즈니스인사이더Business Insider(4억 5천만 달러, Axel Springer), 더블베리파이DoubleVerify(2억 달러, Providence Equity Partners) 등이다.

한편 스타트업은 투자를 유치할 때마다 기업가치가 상승하여 유니콘(기업가치 10억 달러 이상의 스타트업)으로 성장한다. 앱넥서스, 버즈피드 BuzzFeed, 컴패스Compass, 메이킹팬듀얼MakingFanDuel, 플랫아이언, 인포 Infor, 오스카헬스Oscar Health, 펠로톤Peloton, 스프링클러Sprinklr, 바이스

미디어VICE Media, 와비파커Warby Parker, 위워크WeWork, 제타Zeta, 작닥
Zocdoc 등이 바로 그들이다. 이 중에서 기업가치가 50억 달러 이상인 스
타트업은 위워크(200억 달러), 인포(100억 달러), 바이스 미디어(57억 달러) 등
이다.

✔ **현재 한국의 많은 스타트업들이** 하고 있는 비즈니스 방식은 뉴욕 스타트업의 비즈니스 모델에서 배운 것들이 많다. 공유사무실, 배달 서비스, 요리 식자재 배달 서비스, 크라우드 펀딩 등이 대표적인 것들이다.

뉴욕은 벤처캐피털, 민·관 지원기관, 다양한 인적자원을 바탕으로 광고, 금융, 패션, 디자인, 스포츠, 미디어, 출판, 인쇄, 교육, IT, 헬스케어, 바이오제약, 소비재 등 많은 산업들이 융화되면서 생태계를 조성하고 새로운 차원의 비즈니스 환경을 만들어내고 있다. 뉴욕의 스타트업들은 이러한 환경을 토대도 실리콘밸리와는 다른 방식으로 기술을 사용하여 사업을 혁신하고 있다.

최근 스타트업 붐이 일면서 맨해튼 부동산시장이 들썩이고, 헤드헌터들이 엔지니어를 구하기 위해 동분서주한다. 이러한 현상을 놓고 한쪽에서는 앞으로 뉴욕의 경제를 이끌어갈 좋은 징조라고 치켜세우는 반면, 다른 한쪽에선 또 다른 인터넷 거품이 예견된다는 상반된 견해를 내세우고 있다. 그럼에도 대다수는 뉴욕 스타트업들의 약진이 앞으로도 이어질 것이라고 주장한다. 그들이 근거로 내세우는 견해는 다음과 같다.

첫째, 뉴욕은 실리콘밸리와는 달리 건전한 생태계가 조성되어 있다. 뉴욕에서는 대기업 출신의 경험 많은 간부들이 젊은 엔지니어들과 팀을 만들어 혁신적인 비즈니스 모델을 만들어내고 있다. 둘째, 초기 단계의 스타트업에 투자를 꺼려하는 기업 벤처캐피털들이 뉴욕의 스타트업들에게 투자를 하고 있다. 이는 그만큼 시장성이 있다는 이야기이다. 셋째, 최근 수년간 스타트업 지원기관들이 뉴욕에 속속 둥지를 틀고 있다. 넷째, 독일, 러시아, 브라질 및 기타 남미 국가 등 외국계 벤처캐피털들이 뉴욕 스타트업 투자에 관심을 보이고, 실제로도 투자를 하고 있다. 다섯째, 다양한 분야의 뉴욕 기반 스타트업들이 이미 엑시트(상장 혹은 인수)를 했고 조만간 상장을 계획하고 있다.

우리 입장에서 보면 실리콘밸리보다는 실리콘앨리에서 배울 점이 더 많다. 서울과 뉴욕의 비즈니스 환경이 전반적으로 유사하기 때문이다. 우리 기업들은 원천기술 개발보다는 기술의 상용화 쪽에 강점을 가지고 있다. 이는 실리콘앨리의 특징과 일맥상통한다. 따라서 뉴욕에서 성공한 스타트업들의 비즈니스 방식을 도입한다면, 국내에서도 경쟁력을 가질 수 있을 것이라 생각한다. 특히 뉴욕 스타트업의 인력을 관리할 수 있다면, 지금 당장 기술인력의 아웃소싱을 권하고 싶다.

뉴욕을 대표하는
스타트업의
성공 방정식

스타트업이 성공하기 위해 필요한 덕목은 무엇일까? 뉴욕에서 성공한 스타트업을 보고 있자면 아마도 창의력이 가장 중요한 덕목인 것 같다. 하지만 창의력을 쉽게 얻을 수 없는 무슨 대단한 능력이라고 겁먹지는 말자. 스타트업을 위한 창의력은 아주 사소한 문제에서 시작한다. 보다 편리한 삶, 저렴한 서비스, 여자친구를 위한 이벤트, 재고처리 등을 고민하다가 어느 순간 아이디어가 번뜩이는 것이다. 여기서 중요한 문제는 아이디어를 실행해야 한다는 것이다. 아무리 좋은 아이디어라도 실행에 옮기지 않으면, 세상에 나오지 않으면 실패한 것이나 다름없다. 그 문제 역시 걱정마라. 호시탐탐 노리고 있는 벤처 캐피털들이 해결해줄 테니.

라이프스타일의 변화를 제안하다

온라인 진료예약 사이트: 작닥

미국에서 의사에게 진료를 받으려면 예약하는 것이 필수다. 그런데 증상에 따라 어떤 의사에게 가야 하는지, 누가 이 분야의 전문가인지는 업계 사람이 아니고서야 잘 알지 못한다. 게다가 예약을 하려면 일일이 전화를 해서 약속을 잡아야 한다. 반면에 의사 입장에서는 환자

를 유치하기 위해 광고도 해야 하고, 진료 예약을 받으려면 누군가를 고용해야 한다. 이러한 양쪽의 고민을 한 번에 해결해주는 사이트가 작닥Zocdoc이다.

작닥을 이용하는 환자는 의사의 진료과목, 경력, 진료실 사진 등에 관한 정보를 무료로 알 수 있고, 또 예약도 가능하다. 반면에 의사들이 작닥의 서비스를 이용하려면 연 3천 달러의 화비를 내야 한다. 작닥은 2007년 뉴욕 맨해튼에서 서비스를 개시하였는데, 지금은 미국 전역에서 월 600만 명 이상이 이용하고 있다. 특히 뉴욕시와는 'WorkWellNYC'라는 프로그램을 통해 뉴욕시 공무원, 은퇴자, 가족들이 진료의사를 찾는 데 도움을 주고 있다. 지금까지 2억 3천만 달러의 투자를 유치하였고, 기업가치는 20억 달러로 평가된다.

철옹성 같은 유통시장을 파괴한다

안경, 매트리스와 같은 제품들은 기득권이 철옹성처럼 시장을 장악하는 분야이다. 이 시장에 혁신적 비즈니스 모델로 도전장을 낸 스타트업들이 있다.

안경시장의 혁명: 와비파커

뉴욕에서 안경을 하나 맞추고 나면 억울한 기분이 든다. 예를 들어 아무 안경점에나 들어가 안경을 맞추는 경우를 살펴보자. 빛이 반사되지 않도록 하는 렌즈의 코팅가격이 75달러, 폴리카보네이트 안경알 맞춤제조 140달러, 안경테 395달러 등 총 600달러가 들어간다. 여기에 의사 검안료 100달러는 별도다. 내가 한국에서 검안, 교정렌즈, 안경테, 모두 합쳐 단돈 5만 원에 구입한 것에 비하면 안경 밖으로 눈이 튀어나올 지경이다.

하지만 와비파커Warby parker에서는 직접 디자인, 직접 제조, 직접 판매를 통해 거품을 제거하여 95달러(다초점 렌즈는 295달러)에 안경을 판매한다. 비정상적으로 높게 형성된 뉴욕의 안경 값에 비하면 가히 혁명적인 가격이라 할 수 있다. 가격 이외에 와비파커 비즈니스 모델의 핵심은 홈트라이온Home Try-On 프로그램이다. 고객은 인터넷으로 최대 5개의 안경을 주문할 수 있고, 5일 이내에 맘에 드는 디자인 하나를 선택하고 나머지는 착불박스에 넣어 되돌려 보내면 된다. 그런데 최근 와비파커가 또 다른 혁신적인 일을 해냈다. 아이폰의 카메라와 애플의 안면인식기술FaceID을 기반으로 증강현실AR을 구현하는 버츄얼트라이온Virtual Try-On을 개발한 것이다. 고객은 이 앱을 이용하여 실제 안경을 써보지 않고도 스마트폰 화면에서 안경을 쓴 자신의 얼굴을 확인할 수 있다.

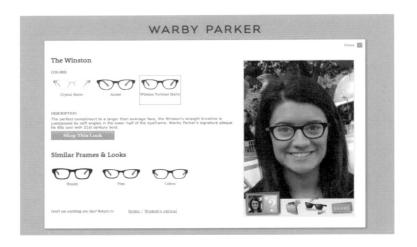

9장 실리콘밸리를 넘어서는 뉴욕

와비파커는 2013년부터 오프라인 매장도 열고 있다. 이제는 뉴욕 맨해튼의 8곳을 포함, 미국 전역 및 캐나다 토론토와 밴쿠버에 100곳의 매장을 운영하는 거대 체인점으로 발전했다. 나아가 2017년에는 자체 렌즈 생산공장도 뉴욕에 설립하였다. 이 때문에 제조업 스타트업에는 좀처럼 투자를 하지 않는 벤처캐피털이 몰려서 지금까지 3억 달러의 투자를 유치하였고, 기업가치는 17억 5천만 달러로 평가된다.

매트리스 소매유통의 파괴자: 캐스퍼

2014년 설립된 캐스퍼Casper는 고밀도 폼 매트리스 모델 하나만 온라인판매를 시작하면서 박스에 담아 고객 집까지 배달을 시작했다. 아울러 파격적인 반품정책을 선보였다. '100일 동안 사용해보고 맘에 들지 않으면 반품하라'는 것이었다. 소비자 직판direct-to-consumer 비즈니스 모델인 캐스퍼 매트리스는 곧 선풍적인 인기를 끌었다.

그러나 남이 장사가 잘되는 것을 보면 반드시 경쟁자가 뛰어드는 법이다. 터프앤니들Tuft & Needle, 리사Leesa, 라일라Layla, 아보카도Avocado 등의 온라인 매트리스 스타트업이 우후죽순 생겨나면서 캐스퍼 비즈니스 모델은 이제 흔한 것이 되었다. 게다가 서타시몬스Serta Simmons, 매트리스펌Mattress Firm 같은 기존 업체들도 박스에 담아 판매를 시작했다. 사실 매트리스 사업은 진입장벽이 거의 없다. 매트리스 제조업체만 섭외된다면 거기에 자기 브랜드를 붙여 온라인으로 판매만 하면 되기 때문이다. 현재 미국 내에 캐스퍼와 같은 온라인 매트리스 브랜드가 몇 개나 있는지 정확한 실태를 파악하기가 어렵지만, 대략 150여 개 된다고 한다.

　이에 대응한 캐스퍼의 전략은 무엇일까? 첫째, 제품의 품질을 높이고 다양화하는 것이었다. 소비자들은 누가 최초인지에 관심이 없다. 그들은 단지 디자인이 좋은 제품을 싼 가격에 사기를 원하기 때문이다. 캐스퍼는 2017년 초 샌프란시스코에 연구개발센터Casper Labs를 열었다. 또한 주력 제품인 더캐스퍼The Casper(995달러, 퀸사이즈 기준) 외에 고급형인 더웨이브The Wave(1,850달러)와 염가형인 더에센셜The Essential(600달러)도 개발, 판매하고 있다. 아울러 베개, 침대시트, 침대 프레임, 램프, 애완견용 매트리스로까지 브랜드 확장을 시도하고 있다.

　둘째, 유통채널을 다양화했다. 여전히 대다수 소비자들은 매장에서 매트리스를 구매하기를 원한다. 그래서 캐스퍼는 타깃이나 노드스트롬 같은 매장에서 자사제품을 판매하기 시작했다. 2018년 2월에는 맨해튼에 플래그십 스토어도 열었다. 향후 200개의 매장을 연다는 원대한 포부이다.

　셋째, 브랜드 경험 마케팅을 전개했다. 아늑하고 밝은 분위기의 맨해튼 플래그십 스토어에는 6개의 침실을 구비돼 있다. 고객은 이곳에서 직접 매트리스를 체험해볼 수 있다. 이곳을 통해 고객들이 자사의 제품에 대해 어떻게 반응하는지 파악한다. 캐스퍼는 또 하나의 혁신적 시도를 감행했는데, 2018년 7월 뉴욕 플래그십 스토어 바로 옆에 더드리머리The Dreamery라는 슬립숍Sleep Shop을 연 것이다. 물론 캐스퍼 매트리스, 시트, 베개, 담요, 양말, 눈가리개가 제공된다. 더불어 슬리피존스Sleepy Jones 파자마(가져갈 수는 없음), 헬로Hello 치약칫솔세트, 선데이라일리Sunday Riley 세숫비누, 헤드스페이스Headspace(명상 앱), 슬립 오디오(헤드폰을 가져오면 이용 가능) 등 젊은 세대가 좋아할 만한 브랜드 제품들이 제공된다. 이용요금은 45분에 25달러이다. 사실 이곳은 영리가 목적이라기보다는 캐스퍼 제품의 체험공간이다.

넷째, 고객들의 리뷰 관리를 강화했다. 소비자들은 온라인 브랜드 매트리스를 미리 사용해볼 수 없기 때문에 메모리폼토크(www.MemoryFoamTalk.com), 슬립포폴리스(Sleepopolis.com) 같은 매트리스 전문 리뷰 사이트에 많이 의존한다. 그런데 리뷰사이트들이 온라인 매트리스 브랜드로부터 재정적 지원을 받고, 특정 매트리스 브랜드에 대한 평가를 상위권으로 올려놓기 시작했다. 이를 파악한 캐스퍼는 2016년 매

캐스퍼의 더드리머리.

트리스 리뷰 사이트 3곳이 경쟁사로부터 커미션을 받은 사실을 공지하지 않았다는 이유로 제소했다. 동시에 슬립포폴리스를 매수했다. 그 후 캐스퍼에 대한 호의적 리뷰가 게재되고 있다.

유통파괴적 비즈니스 모델로 선풍을 일으킨 캐스퍼가 과연 서타시몬스, 매트리스펌, 셀렉트컴포트Select Comfort 같은 기득권의 거센 반격에 맞서 살아남을 것인지는 두고 볼 일이다.

밀 키트 배달 서비스: 블루에이프런

처음으로 시댁 어른들이 집에 방문하는 날! 요리라고는 라면밖에 끓일 줄 모르는 새댁에겐 엄청난 시련이 아닐 수 없다. 짜장면을 시킬 수도 없고, 엄마의 도움을 받기엔 친정은 너무 먼 곳에 있다! 하지만 좌절할 것 없다. 블루에이프런Blue apron이 있기 때문이다.

블루에이프런은 먹고 싶은 요리를 만드는 데 필요한 신선한 식자재를 집으로 배달해주는 서비스, 즉 밀 키트meal kit 배달 서비스를 하고 있다. 고객은 메뉴에서 골라 주문하면 되고 메뉴는 매주 바뀐다. 식재료를 받은 고객은 그저 요리법이 적힌 카드를 따라 요리하면 된다. 모든 식재료는 냉장박스에 담아 매주 같은 요일에 배달하며 배달료는 없다. 그리고 매주 목요일, 유튜브를 통해 요리사가 요리 시범을 보인다. 고객들은 비디오를 보며 요리를 배울 수도 있다.

그런데 번창하던 밀 키트 배달 서비스 사업에 예상 밖의 문제점들이 생겨났다. 헬로프레쉬Hello Fresh, 플레이티드Plated, 선바스킷Sun Basket

같은 경쟁자들이 뛰어든 것은 문제도 아니었다. 우선 포장재 쓰레기가 넘쳐나면서 환경 이슈가 대두되었다. 더 큰 문

제는 고객들이 비싸다고 느끼기 시작한 데다가, 몇 번 주문해 각 요리의 레시피를 배우고 나서는 더 이상 주문하지 않는다는 것이었다. 떨어지는 고객유지율 외에도 높은 배송비로 인해 수익성도 악화되었다. 결국 문을 닫는 업체들이 생기기 시작했다. 한때 기업가치가 1억 5천만 달러로 평가됐던 셰프드Chef'd는 2018년 7월 폐업했다. 우리나라도 유사한 비즈니스 모델의 스타트업들이 이미 영업을 하고 있다. 과연 밀키트 배달 서비스 모델이 중장기적으로 생존 가능할 것인지 귀추가 주

목된다.

온라인 쇼핑의 새로운 패러다임을 제안하다

미국 플래시 세일 사이트의 효시: 길트

플래시 세일
한정된 기간 내에 높은 할인율을 적용하여 제품을 싸게 파는 것을 말한다. 보통 명품 브랜드 제품을 대폭 할인하여 파는 것으로 알려졌다.

길트Guilt Group는 럭셔리 브랜드의 재고품을 대폭 할인된 가격으로 사서 보통 36~48시간의 한정된 기간을 주고 회원들에게 플래시Flash 세일을 한다. 플래시 세일 사이트는 과거 구찌, 프라다 등 주요 럭셔리 브랜드 재고를 싸게 살 수 있어서 인기를 끌었다. 그러나 점점 일류 명품의 재고를 구하기 어려워지면서 2~3류 혹은 신생 브랜드들로 채워지다 보니 인기가 시들어졌다. 고육책으로 여성의류와 잡화 위주였던 제품군을 남성복, 아동복, 디자인 제품, 식품 등으로 확대하였으나 경영난을 겪으면서 결국 2016년 2억 5천만 달러에 허드슨베이Hudson's Bay에 팔렸다. 이 금액은 투자유치 당시의 기업가치에도 미치지 못하는 액수였다. 그런데 길트의 사업이 기대에 미치지 못하자 2018년 6월 허드슨베이는 경쟁사인 루라라Rue La La에 길트를 팔아 버렸다. 루라라는 길트와 파는 품목이 같기 때문에 규모의 경제를 활용하여 보다 싼 가격에 물건을 조달하면 수익성이 향상될 것이라 기대하고 있다.

못 맞추는 사이즈는 없다: 보노보스

보노보스Bonobos는 창업자가 바지 쇼핑을 하다가 대부분의 바지가

너무 헐렁하거나 꽉 끼는 등 몸에 맞는 사이즈를 구하지 못하자 아예 직접 만들어 팔기로 하면서 시작됐다. 다른 의류 브랜드 바지의 허리 사이즈가 대부분 2인치 간격인데 반해, 이곳의 바지는 1인치 간격이기 때문에 대부분 몸에 맞는 바지를 찾을 수 있다. 처음에는 바지에서 출발했으나 지금은 모든 종류의 의류를 취급한다. 온라인으로 주문해도 되고, 미심쩍으면 가까운 곳에 있는 가이드숍guideshop을 예약해 찾아가면 된다. 가이드숍에 들어서면 가이드가 맞을 만한 옷을 추천해주는데 마음에 들면 주문하면 된다. 그러면 주문한 제품을 고객이 원하는 주소로 배송해준다. 즉 가이드숍에서는 마음에 드는 스타일을 주문만 할 뿐 직접 구매할 수는 없다.

내일도 같은 옷을 입고 싶지 않다: 렌트더러너웨이

렌트더러너웨이Rent the Runway는 디자이너 브랜드 옷을 대여해준다. 비즈니스 모델은 세 가지이다. 첫째, 고객은 30달러의 대여료를 내고 원하는 옷 한 벌을 4일 혹은 8일 동안 빌려 입을 수 있다. 둘째, 월 89달러의 회비를 내면 한 달에 4벌의 옷을 빌려 입을 수 있다. 셋째, 월 159달러를 내면 한 번에 4벌을 빌려 입을 수 있는데, 싫증나면 옷을 반품하고 다시 새 옷을 입을 수 있다.

매일 다른 백을 든다: 리백

리백Rebag은 중고 명품백 매매사이트이다. 다른 중고 명품 매매사이트와의 차별점은 리백 인피니티Rebag Infinity라는 제도이다. 고객이 리백에서 핸드백을 구입한 후 6개월 이내로 사용하다가 반품하면, 최소

70퍼센트의 크레딧을 제공한다. 고객은 그걸 가지고 새로운 백을 구입할 수 있다.

인공지능이 스타일을 골라준다: 봄펠

봄펠Bomfell은 스타일감이 떨어지고 쇼핑을 싫어하는 남성들의 패션을 도와주는 것으로 출발했으나, 지금은 멋진 남성을 위한 사이트로 발전했다. 봄펠이 제시하는 스타일 관련 질문에 고객이 답을 하면 인공지능이 그에 맞는 스타일을 추천한다. 그다음 스타일리스트가 인공지능의 선택을 바탕으로 고객에게 맞는 제품을 최종 선정하고 배송한다. 고객은 7일 동안 배송된 옷들을 시도해보고 마음에 드는 옷들을 제외한 나머지 것들은 반송하면 된다.

옷을 벤또박스에 넣어 보낸다: 엠엠라플레르

엠엠라플레르MM.LaFleur는 벤또박스Bento Box 프로그램이 강점이다. 고객이 스타일과 선호하는 핏 등에 대한 설문에 답변을 하면, 스타일리스트가 그에 맞는 옷들을 선정하여 벤또박스에 넣어 고객 집으로 배송한다. 고객은 입어보고 맘에 드는 것들을 지불하고, 나머지는 반송하면 된다.

파인 주얼리를 합리적 가격에 산다: 에이유레이트

에이유레이트AUrate는 파인 주얼리를 투명하고 합리적인 가격으로 판매하는 소비자 직판 사이트이다. 고객이 온라인 주문을 하면 다섯 가지 제품을 박스에 담아 집으로 배송하고, 고객은 1주일 동안 시험착용해보고 맘에 드는 것을 고른 뒤 나머지는 반송하면 된다.

의외의 분야에서 사업기회를 찾다

레드오션 분야 혹은 이미 그냥 봐서는 도저히 사업거리가 될 것 같지 않은 분야에서 의외로 사업기회를 찾아내는 사람들이 있다. 그들은 바로 뉴욕의 스타트업 창업자들이다.

다이아몬드 가격을 비교한다: 레어캐럿

다이아몬드는 고가이다. 아무리 큰 소매점이라 하더라도 모든 다이아몬드를 다 가져다 놓을 수는 없다. 그래서 도매상은 다이아몬드를 보관하고 있고, 소매점은 실물이 아닌 카타로그 판매를 한다. 그렇다면 보석상들은 동일한 다이아몬드라고 해서 같은 가격에 판매할까? 그건 아니다. 각각 붙이는 마진이 다르기 때문이다. 와튼스쿨의 캇자 사임Katja Seim 교수는 블루나일Blue Nile, 제임스앨런James Allen, 브릴리언트어스Brilliant Earth와 같은 대형 온라인 소매점들이 중소 소매점들보다 동일 다이아몬드에 대해 가격을 10~20퍼센트 정도 비싸게 제시하고 있는 것을 발견했다. 물론 이 같은 현상은 다이아몬드에 국한되는 것은 아니다. 다만 다이아몬드가 고가이다 보니 발품을 팔면 제법 큰돈을 절약할 수 있다.

이에 착안하여 한 스타트업이 소매점마다 팔고 있는 다이아몬드 가격을 비교할 수 있는 방법을 최초로 고안했다. 아자이 아난드Ajay Anand가 창업한 레어캐럿Rare Carat(www.rarecarat.com)이다. 이곳에서는 다이아몬드를 팔지 않는다. 비즈니스 모델은 소비자가 이 사이트에 들어와 검색란에서 가격, 크기, 모양, 색상, 네 가지 옵션을 선택하여 다이아몬드를 검색하면, 등록돼 있는 9개의 소매점이 보유하고 있는 다이아몬드가 나타난다. 소비자가 다이아몬드 중에서 마음에 드는 것들을 클릭하면 해당 소매점들이 수수료를 지불하는 방식이다. 물론 현재는 메이시즈, 코스트코 등 9개 소매점만이 등재돼 있어서, 제품 다양성 면에서 다소 부족하고 소매점 간 가격차이도 크게 나지 않는다는 한계가 있다.

시민의 안전을 지킨다: 시티즌

내 주변에서 일어나고 있는 사건사고를 스마트폰을 통해 실시간으로 알 수 있다면? 시티즌Citizen은 사람들에게 주변의 위험을 신속히 알려주고, 앱 사용자들이 사건/사고현장을 스마트폰으로 실시간 중계할 수 있도록 한 앱이다.

시티즌은 뉴욕시의 경찰과 소방서로 걸려오는 911 신고전화를 감청하여 비상출동 상황을 듣고 사건의 개요와 함께 앱 지도에 사건현장을 빨간 점으로 표시한다. 그리고 사건현장 주변의 사람들에게 경고 메시지를 보낸다. 경고 메시지를 받은 사람은 그 현장을 피하거나, 아니면 구경하거나, 또는 앱의 사건보고report incident 버튼을 눌러 사건현장을 실시간으로 영상중계할 수 있다. 뉴욕시의 경우 하루에 1만 건의 911 신고전화가 들어오는데, 이 중에서 공공안전에 위협이 될 수 있는 300~400건 정도를 앱에 올린다고 한다.

시티즌은 2015년 설립 이래 현재 뉴욕과 샌프란시스코에서 18만 명 정도가 사용하고 있으며, 1,300만 달러의 투자를 유치했다. 이 비즈니스에서 이슈가 되는 부분은 개인정보보호와 경찰이 순순히 협조할 것인지 여부이다. 어느 나라에서나 경찰은 사건에 민간이 개입하는 것을 극도로 싫어하기 때문이다.

상황에 맞는 레스토랑을 추천한다: 디인패튜에이션

첫 데이트에 좋은 레스토랑은? 생일파티에 좋은 레스토랑은? 연인이 저녁 데이트하기에 좋은 레스토랑은? 상황에 따라 어떤 레스토랑을 갈 것인지는 무척 고민된다. 이럴 때 해법을 제시하는 곳이 디인패튜에이션The Infatuation이다. 디인패튜에이션은 2009년 설립된 레스토랑 리뷰 사이트로, 유머를 곁들인 직설적 이용후기와 상황별 레스토랑 추천으로 유명세를 얻었다. 옐프Yelp는 일반인들이 사용/이용 후기를 올린다면, 디인패튜에이션은 리뷰어를 직접 고용한다. 즉 레스토랑의 홍보성 초대에 응하지 않겠다는 것이다. 물론 실제 그런지는 확인이 어렵다. 디인패튜에이션의 리뷰는 〈뉴욕타임스〉 등의 레스토랑 리뷰 기사처럼 난해하거나 권위적이지 않고 캐주얼하다. 이러한 점이 오히려 인기의 요소이다. 디인패튜에이션은 2018년에 레스토랑 리뷰 사이트 자가트Zagat를 구글로부터 인수하여 화제가 되었다. 뉴욕에서 시작하여

LA, 시애틀, 샌프란시스코 등 미국 전역으로 확대하고 있고 최근 런던에도 진출했다. 지금까지 3,350만 달러의 투자를 유치했다.

나만의 개인 피트니스 클럽을 갖는다: 미러

보통 새해가 되면 단단히 각오를 하고 피트니스센터에 등록하지만, 바쁜 생활 탓에 몇 번 가보지도 않고 회비만 낭비하는 경우가 많다. 이에 대한 해법을 2010년에 설립된 홈 피트니스 스타트업 기업인 미러 Mirror가 제시하고 있다.

스마트미러 시스템은 LCD패널, 스테레오 스피커, 카메라, 마이크로폰, 아이폰 앱으로 구성돼 있다. 고객은 단지 스마트거울을 집 벽에 걸고 아이폰 앱에서 원하는 강좌(개인지도 또는 그룹)를 찾아 작동시키면 된다. 그러면 거울 안에 강사들이 나타나고 그들이 진행하는 요가, 필라테스, 복싱 클래스를 따라하면 된다. 개인지도의 경우 강사와 실시간 대화도 가능한데, 이런 경우 40~75달러의 추가요금을 내야 한다. 즉 집 안에 개인 요가강습소가 생긴 셈이다. 가격은 스마트거울 1,499달러에 월 39달러의 회비를 내면 된다. 생각보다 비싼 편이다. 비즈니스 모델은 스마트자전거 및 트레드밀 스타트업인 펠로톤Peloton, 플라이휠Flywheel, 그리고 가상현실을 보여주는 와이드런 Widerun과 유사하다. 지금까지 3,800만 달러의 투자를 유치했다.

대한민국 스타트업,
뉴욕 스타트업을
분석하라!

✔ **2007년 구글이 더블클릭**Doubleclick**을** 31억 달러에 인수한 이후, 야후가 텀블러Tumblr를 11억 달러에 인수하면서 뉴욕 출신의 두 번째 10억 달러 기업이 탄생했다. 신생 스타트업 기업으로 시작했던 이들은 곧 손에 꼽힐만한 거대 기업이 되었다. 이처럼 뉴욕에는 이미 많은 스타트업들이 엑시트를 통해 창업자는 물론이고 투자자들에게 많은 돈을 안겨 주었고, 앞으로도 전도유망한 스타트업들이 줄지어 대기하고 있다. 그들은 누구이고, 어떤 성공 방정식을 가지고 있을까?

스타트업들이 성공하려면 나름대로의 성공 방정식이 필요하다. 성공한 스타트업들의 특징을 살펴보면 우선, 지금까지는 찾아볼 수 없었던 사업 모델을 개발한다. 틈새시장을 찾아내는 것도 여기에 포함된다. 기술혁신을 통해 새로운 제품, 서비스를 내놓는 기업도 있다. 유통과정을 단축하여 가격을 대폭 낮추기도 한다. 이처럼 뉴욕의 스타트업은 실리콘밸리의 스타트업과 달리 수익 모델이 확실하다. 우리의 스타트업이 배워야 할 점이 바로 이처럼 확실한 수익 모델을 갖는 것이다.

하지만 스타트업이 초기에 성공했다고 해서 중장기적으로도 생존이 가능할 것인지 여부는 불확실하다. 플래시 세일의 대표주자격이었던 길트 그룹과 팹Fab의 몰락이 이를 반증한다.

전 세계적으로 매년 수많은 신기술, 신제품, 신비즈니스 모델이 개발돼 시장에 쏟아져 나온다. 이들이 초기의 반짝 성공에서 나아가 수익을 거두는 안정적 비즈니스로 발전하기 위해서는 시장의 변화에 따라 재빠르게 대응하고 변신하는 능력이 필요하다. 여기에 항상 제품 및 서비스를 사용할 수요자 입장에서 생각하는 것도 필요하다.

우리가 뉴욕의 스타트업에게서 배울 점은 바로 이런 점들이다. 창의적 아이디어와 정말 더 이상 없어보이던 곳에서 틈새를 찾아내는 능력, 그리고 아이디어를 사업화하는 능력 말이다. 그리고 사업 환경 변화에 따른 변신 능력, 그리고 상업성 있는 수익 모델 제시를 통해 투자자들을 설득하여 투자를 이끌어내는 능력 또한 배워야 한다.

10장

뉴욕 비즈니스
스타일
따라 하기

말 한마디에
천 냥 빚이
생긴다

뉴욕에서 세탁소를 운영하는 한국인 K씨는 어느 날 '사람 구함'이라는 공고를 붙였다. 그걸 보고 백발이 성성한 노인 한 분이 일을 하고 싶다며 찾아왔다. K씨는 걱정스러운 눈빛으로 "그 나이에 이런 일을 하실 수 있겠어요?"라고 물었다. 며칠 후 K씨는 이름도 생소한 EEOC, 즉 고용평등위원회에 제소를 당했다. 뉴욕에서 이런 공고를 내건 한국 기업도 고발대상이다. '용모단정하고 키 165센티미터 이상, 만 27세 이하의 여성 구함.' 흔한 공고 같은데, 뭐가 문젤까?

감이 좀 오시는지. 미국에선 연방법으로 인종, 피부, 성별, 종교, 국적, 나이, 장애, 군복무 여부에 대해서 채용 혹은 근무 시 차별하지 못하게 되어 있다. 게다가 직장 내에서 나이 차별도 금기사항이다. 만약 나이든 사람을 해고할 때에는 해고의 사유가 되는 증빙자료, 예를 들어 지각횟수, 명령불복종 사례, 업무태만 사례 등을 꼼꼼히 제시해야 한다. 해고된 뒤에는 거의 예외 없이 나이차별을 이유로 고용평등위원회에 제소하기 때문이다.

미국의 채용공고
채용공고에 필요한 것은 오직 어떤 일자리를 뽑는다는 내용뿐이다. 그렇게 해서 받은 이력서에는 사진, 나이, 성별, 인종 등이 없다. 학력, 경력, 이름을 보고 추측할 뿐이다. 면접에서도 그런 질문을 할 수 없다.

더불어 미국에는 나이로 제한된 정년이 없다. 고용계약만이 존재한다. 뉴욕에서 사용되는 고용계약은 대부분 임의고용at will employment 계약이다. 이 계약에서 고용주는 아무 때나 이유 없이 직원을 해고할 수 있고, 피고용인도 아무 때나 그만둘 수 있다. 하지만 앞서 언급한 나이, 성별, 인종, 종교 등의 이유로는 해고가 불가능하다. 따라서 해고하는 과정이 상당히 까다롭다. 해고당한 직원이 다른 직장을 구하기 어렵다고 판단될 경우 십중팔구 앞에 나온 이유 중 하나를 들어 소송을 걸기 때문이다. 그래서 이런 말이 있다. "고용주는 해고의 자유가 있지만, 직원은 소송의 자유가 있다."

메리 크리스마스는 이제 그만!

최근 우리 기업들의 미국 진출이 활발히 진행되고 있다. 롯데케미칼은 2019년 5월 9일 루이지애나주 석유화학 공장 준공식을 가졌다. SK이노베이션은 조지아주 커머스시에 전기차 배터리 공장, LG전자는 테네시주 내슈빌 인근에 세탁기 공장을 짓고 있다. 그런데 미국에서 현지공장을 운영하려면 살얼음판을 걷는 것처럼 매사 조심하고 또 조심해야 한다.

예전에 한국의 H사가 미국 펜실베이니아 주에 철도객차 현지 공장을 운영하면서 예상치 못한 어려움을 겪었다. 사연은 이렇다. 현지 공장에서 일하던 흑인, 히스패닉, 여성 근로자들이 한국 본사에서 파견 나온 한국인들로부터 인종차별, 성희롱 등 모멸적인 대우를 받았다고 항의하며 고용평등위원회에 제소했다. 이는 지역 언론에 대대적으로 보도되었다. 그런데 한국 직원들은 대체 왜 소송을 당했는지 잘 파악하지 못하고 있었다. 행동이 느린 직원들에게 빨리 잘하자는 의미에서 손으로 어깨를 툭툭 건드린다든지, 장난삼아 다리를 손으로 쥐었다든지 하는 것들이 소송을 당할 만한 일인지에 대한 심각성이 없었기 때문이다. S사의 경우엔 한 백인 직원이 한국 사람들끼리만 점심을 먹으러 다닌다는 이유로 인종차별을 당했다며 소송을 벌인 사례도 있었다.

한국에서는 이런 일들이 뭐가 문제일까 싶지만 미국에서는 그렇지 않다. 아무리 사소한 일이라도 경우에 따라 곧바로 소송거리가 되기 때문이다. 사정이 이러니 미국의 직장, 특히 맨해튼처럼 다인종이 많이 근무하는 곳에서는 사적으로 친한 관계가 아니고서야 남녀 직장 동료들 간에 대화가 거의 없다. 기껏해야 아침에 "굿모닝"을 하는 정도이다.

미국에는 아니 세상에는 LGBT와 같이 성적 취향이 다른 사람들이 많다. 문제는 누가 어떤 취향인지를 모르기 때문에 무심코 이들을 비하하거나 비방하는 말을 사용해서는 안 된다는 것이다. 비즈니스로 만나서

> **LGBT**
> 레즈비언(Lesbian), 게이(Gay), 양성애자(Bisexual), 트랜스젠더(Transgender)의 앞글자를 따서 만든 용어로 성적 소수자를 뜻하는 말이다.

대화를 나눌 때 이러한 이슈는 아예 생각하지도 않는 게 좋다. 뭔가 어색함을 피하고 싶다면 스포츠를 화제로 삼는 것을 추천한다. 내 경험상 이런 주제는 가볍게 분위기를 띄우는 데 가장 효과적이다.

나의 체감으로는 미국 내 한인사회에서도 언젠가부터 기독교가 만인의 종교가 된 것 같은 분위기이다. 종교 활동은 자유지만 다른 사람에게 강요해서는 안 된다. 특히 뉴욕은 세계 각국에서 온 이민자들이 각자의 종교를 믿으며 산다. 그러므로 상대방이 어떤 종교를 믿는지 모른다면 '메리 크리스마스Merry Christmas'보다 포용적인 의미의 '해피 홀리데이Happy Holidays'를 사용하는 것이 안전하다.

뉴욕에선
뉴욕 스타일을
따르라

✔ **로마에 가면 로마법을 따르라.** 많이 듣는 격언이다. 뉴욕에 오면 뉴욕 비즈니스 스타일을 따르는 것이 바람직하다. 그런데 많은 한국 기업인들이 뭐가 뉴욕의 비즈니스 스타일인지 혹은 관행인지, 자기가 무엇을 실수하고 있는지조차 모른다. 글로벌 시대, 인터넷 시대에 여전히 한국적인 사고와 행동을 하고 있어 안타깝다.

뉴욕에는 뉴욕만의 비즈니스 스타일이 있다. 그러니 뉴욕에 와서 뭔가를 하고 싶으면 그들의 스타일을 알아야 한다. 그게 현명하다. 우선 우리가 주의하고 조심해야 할 사항, 그리고 우리나라 사람들이 가장 많이 실수하는 것부터 알아보고 행동하는 것이 좋다.

나름대로 뉴욕 비즈니스 문화에 익숙해졌다고 생각하는 나에게도 좀처럼 어려운 자리가 있기는 하다. 바로 사람들과 대화하는 것이다. 대화하는 것이 뭐가 어렵냐고? 한번 들어보시라.

어디나 마찬가지겠지만, 뉴욕도 해마다 12월이 되면 기업이나 단체별로 저녁식사를 포함한 연말행사를 한다. 행사 시작 시간이 저녁 6시라고 해서 가보면 1시간 정도는 소위 네트워킹 시간이다. 간단한 음료나 칵테일을 손에 들고 서서 초대 손님들과 얘기를 해야 한다. 같은 한국인들끼리야 큰 문제가 없지만 외국인 주최 행사에 가면 하아, 속으로 한숨을 크게 한 번 쉰다. 한 번도 본 적 없는 사람들에게 말을 걸고, 자연스럽게 대화를 시도해야 하기 때문이다. 나름대로 뉴욕 비즈니스 문화에 익숙해졌다고 생각하지만, 내게도 좀처럼 해결되지 않는 것이 이런 문화이다.

이런 경우에는 어떻게 해서라도 대화할 사람을 찾아야 한다. 어떤 무리에 억지로

라도 끼어들지 않으면 혼자 어색하게 서 있어야 하는 경우가 생기기 때문이다. 게다가 영어로 대화를 해야 하는데, 주변이 시끄러워서 잘 알아듣지 못했는데도 고개를 끄덕이며 웃어야 할 때도 있다. 그래도 어쩌겠는가? 여긴 뉴욕이고, 뉴욕에는 뉴욕의 스타일과 문화가 있는 법이다.

누군가는 글로벌 에티켓 운운하지만, 나는 글로벌 에티켓은 사실상 존재하지 않는다고 생각한다. 우리가 글로벌 에티켓이라고 얘기하는 것도 따지고 들면 강대국이 만들어놓은 습관, 관행, 규칙이 아닌가. 조선시대에는 중국의 것이, 지금은 유럽이나 미국의 것이 글로벌 에티켓으로 둔갑하는 경향이 있다.

하지만 이런 걸 탓해서 어쩌랴! 슬프지만 역시 세상은 강자의 편인 것을. 어쨌거나 미국에서 사업하며 우리 물건을 팔려면 그들의 법과 관행을 따르는 수밖에 없다. 따라서 상대방 문화를 이해하며 배려한다고 생각하는 편이 훨씬 더 생산적이다.

뉴욕의
비즈니스맨과
미팅하는 법

롯데뉴욕팰리스 호텔.

내 가 하 는 일 은 한국 기업의 미국시장 진출을 돕고, 미국 기업의 투자를 한국으로 유치하는 데 도움을 주는 것이다. 이 과정에서 미국 기업 측 사람들과 수시로 접촉하고 만난다. 내가 맨해튼에서 미국인들과 비즈니스를 하면서 느낀 바가 하나 있는데, 그들은 자신의 이익이 없으면 절대로 움직이지 않는다는 사실이다. 바쁘게 돌아가는 맨해튼에서 시간은 곧 돈이다. 비즈니스의 세계에서 누군가에게 만남을 청한다는 것은 곧, 그 사람의 돈을 빼앗는 것과 마찬가지다. 그러므로 그들과 만날 때는 동기부여, 즉 뭔가 돈이 될 만한 것을 주어야 한다. 그래야 만날 수 있다.

예를 들어보자. 한국 무역사절단이 맨해튼을 방문한 일이 있었다. 보통 10개 내외의 중소기업으로 구성된 무역사절단은 2박 3일 일정으로 방문한다. 이때 나는 우리 기업들로부터 바이어를 조사해달라는 요청을

> **무역사절단**
> 한국의 여러 기업들이 해당 국가에 직접 방문하여 자사 기업 및 제품 홍보를 하고, 이와 더불어 현지 업체와의 미팅을 통해 수출 기회를 마련한다.

많이 받는다. 하지만 나는 가끔 한국 기업들이 바이어들과 만나는 일을 너무 쉽게 생각한다는 인상을 받는다. 정말 속 터지는 일이다. 바이어와 약속을 잡기 위해 어떤 과정을 거치는지 한 번이라도 경험해본 사람이라면 그런 말이 쏙 들어갈 것이다!

나는 일단 한국의 무역사절단이 취급하는 품목별로 각각의 시장성을 조사한다. 그리고 미국의 어떤 바이어들이 해당 품목을 수입하는지, 관심도는 어떤지 조사한다. 다음으로 이런 사전조사를 통해 시장성이 있다고 판단되면 품목별로 바이어 리스트를 작성한다. 기존에 있던 자료는 물론, 새로운 정보원도 활용하여 리스트를 만든다. 여기까지가 1차 작업이다.

1차 작업 이후엔 이메일을 발송한다. 여기선 이메일의 레이아웃이 중요하다. 바이어에게 이메일을 보내는 기업이 어디 한국 기업뿐일까. 전 세계에서 밀려드는 이메일의 홍수 속에서 스팸으로 처리되지 않으려면 간결하고 명료한 내용은 물론이고, 돈이 된다는 동기부여를 강조해야 한다. 이렇게 고심해서 보내도 회신율은 5~10퍼센트 정도에 그친다. 회신이 온 것은 확인차 다시 이메일을 보내고, 전화통화로 확실한 도장을 찍는다.

이제 회신이 없는 이메일 차례다. 여기선 콜드콜cold call을 할 수밖에 없다. 콜드콜이란 모르는 사람에게 무작정 전화하는 것을 말한다. 모르는 번호는 잘 받지 않는 것은 한국인이나 뉴요커나 마찬가지이다. 교환에서도 정확한 이름이나 개인번호를 모르면 바꿔주지 않는다. 어쨌거나 이렇게라도 약속을 잡아내면 성공이지만, 그렇지 않을 경우에는 또 수많은 콜드콜을 걸어야 한다. 30분짜리 약속을 잡는 데는 이렇게나 많은 노력이 필요한 것이다.

가끔 이런 경우도 있다. 내가 만들어준 바이어 리스트로 메일을 보냈는데, 왜 회신이 없느냐는 한국 기업 측의 비난을 받아야 되는 때 말이다. 그때 나는 바이어에게 보낸 메일을 내게 보내라고 한다. 확인해보면 솔직히 나라도 스팸으로 처리할 만한 내용이니 이건 웃을 수도 없고 울 수도 없다. 인터넷 시대에 이메일 마케팅의 중요성에 대해 여러 번 설명하는 것은 정말이지 입 아픈 일이다. 더군다나 그게 뉴욕에서의 일이라면 제발, 바이어의 입장에서 이메일을 작성해보라고 아픈 입을 부여잡고서라도 얘기하고 싶다!

돈이 된다는 확신 주기

비즈니스의 세계란 피도 눈물도 없는 냉정한 곳이다. 살벌한 세계에서 우리 기업들이 승승장구하는 모습을 보고 싶기에 미안하지만 솔직히 말한다. 뉴욕 바이어 입장에서 대다수 우리 중소기업들은 인지도가 없다. 우리나라에 대한 정보도 거의 없는 마당에 대기업도 아니고 중소기업이니 오죽하랴. 때문에 상품에 경쟁력이 없다면 결코 모험을 하려 들지 않는다. 그런 바이어들과 천신만고 끝에 만날 기회가 생겼다면 절대 놓치지 말아야 한다. 여기서 놓친다는 건, 만났지만 아무 성과도 없이 흘려보내게 되는 것을 말한다.

뉴욕은 보통 방문상담을 한다. 즉 한국업체가 바이어의 사무실이나 매장, 공장을 직접 찾아가 상담하는 방식이다. 이 과정에서 환대를 해주는 바이어도 있지만, 그렇지 않은 경우도 많다. 어떤 기업인은 내가 왜 직접 가서 그런 꼴을 당해야 하느냐고 분통을 터뜨리기도 한다. 하지만 잘 생각해보라. 시간이 돈인 바이어가 돈이 될지 안 될지도 모르는 불확실한 상담에 시간을 써가며 만나겠는가?

자, 어쨌거나 바이어와 직접 만나게 됐다면 상담 과정에서 어떤 것이 가장 중요할까? 바로 언어이다. 언어라고? 대부분의 우리 중소기업들은 영어 실력이 부족하다. 기껏 밥상을 다 차려놓고 재를 솔솔 뿌리는 일이 아닌가 싶다. 통역을 붙이면 되지 그게 무슨 문제냐고 물을 수 있다. 하지만 입장을 바꿔서 생각해보라. 당신이 기업의 구매책임자인데, 이름도 가물가물 잘 들어보지도 못한 어떤 나라의 중소기업에서 통역으로 대화를 시도한다고 말이다. 뉴욕에서도 마찬가지이다. 더불어 요즘 맨해튼에서 대부분 기업은 상담할 때 아이패드 혹은 갤럭시탭을 사용하여 프레젠테이션을 한다. IT기기의 사용은 선택이 아닌 필수이다. 그런데 상당수 우리 중소기업들은 여전히 샘플 혹은 팸플릿 정도로 상담을 진행한다. 답답한 일이 아닐 수 없다. 일방적인 제품 자랑도 마찬가지이다. 과학적인 근거, 미국 등 공인기관의 시험결과, 납품하고 있는 회사 등 명확한 근거가 없는 얘기는 그저 뜬구름 잡는 소리에 불과하며 정말이지 손톱만큼도 도움이 되지 않는다. 명확한 근거가 없다면 내 제품이 당신의 회사에 어떤 이익을 가져다줄 것인지를 제시해야 한다. 그게 아니라면 판매실적의 압박에 시달리는 바이어가 그 제품을 구매해야 할 먼지만큼의 이유도 없기 때문이다.

전시회에서 자신의 존재 알리기

이메일 마케팅 다음으로 중요한 것이 트레이드쇼trade show, 즉 전시회에 참가하는 것이다. 최근 들어 라스베이거스가 전시회의 중심으로 부상하고 있지만, 뉴욕에서도 산업별로 중요한 전시회가 열리고 있다.

월	전시회	분야
3월	JA New York Spring	보석, 파인 주얼리
	International Esthetics Cosmetics SPA Show /International Beauty Show	미용, 화장품, 스파
	New York Build	건축 디자인, 건설
	Vision Expo	아이웨어(패션, 검안, 컨택트 렌즈 등)
4월	New York International Auto Show	자동차
5월	Tech Day	스타트업
	International Contemporary Furniture Show	가구
	International Franchise Expo	프랜차이즈
6월	Texworld USA/Apparel Sourcing USA/ Home Textiles Sourcing/ Functional Fabric Fair	섬유, 의류
8월	NY Now, The Market for Home & Lifestyle	홈, 라이프스타일 제품
9월	Coterie	여성 패션의류, 액세서리, 신발
10월	New York Comic-con	만화, 카툰, 캐릭터

전시회는 일종의 장터이다. 남대문이나 동대문 시장에서 득음한 것 같은 목청의 골라 골라 노래만 아니었지, 바이어들의 눈길과 발길을 붙잡아 하나라도 더 팔아야 하는 건 같은 이치이다. 지금부터 물건을 하나 가득 싣고 뉴욕행 비행기를 탄 장사꾼의 입장이 되어보시라.

뉴욕에 제법 큰 장터, 즉 전시회가 많다는 소식을 들은 당신. 글로벌 시대에는 글로벌시장이 필요한 법! 당신이 참가하고자 하는 전시회의 일정이 발표되었다. 잘나가는 전시회는 1년 전부터 개최 장소와 시기가 발표되기 때문에 항상 정보에 촉을 곤두세우고 있어야 한다. 전시회는 바이어를 만나는 장소이기도 하고 자기 회사를 홍보하는 기회이기도 하다. 또한 많은 기업들이 자신의 기업이 건재하다는 것을 알리기 위해서 참가한다. 물론 잘나간다는 건, 곧 경쟁자가 엄청나다는 것이다. 이를 잊어서는 안 된다. 그렇기 때문에 주최 측의 자격심사는 굉장히 까다롭다.

그동안 쌓아온 실력과 운이 더해져 참가자격을 얻은 후에는 부스에서의 자리 선정이 중요하다. 서둘러 신청했다면 적어도 구석 자리는 면할 수 있다. 가장 좋은 자리는 입구에서 정면 쪽이지만 그런 장소는 주최 측에서 전시회의 가치를 높여줄 큰 기업이나 단골에게 우선권을 준다. '저 자리가 언젠간 내 자리다.'라는 의지를 불태우며 당신이 해야 할 일은 바로 부스를 설치하는 일이다.

전시회에 부스를 설치하는 방법은 두 가지이다. 전시회 측에서 마련해주는 기본 부스를 사용하는 것과 자체적으로 부스를 짓는 것이다.

이때 주의할 점이 있다. 뉴욕 전시회에선 부스 설치 및 해체 시에 노조 인부를 사용해야 한다는 점이다. 때문에 부스 설치 업체를 선정할 때에는 노조 인부와 원만한 관계를 가진 업체를 선택하는 것이 좋다. 이렇게 바이어의 발길과 눈길을 사로잡을 비장의 부스를 완성했다면 자신감을 가져도 좋다!

드디어 전시회 D-1! 긴장되어서 잠을 못 이룰 것 같은데 세미나에 참석해야 한다. 대부분의 전시회는 세미나를 겸하고 있다. 여기서 중요한 것은 최신 정보를 얻는 일과 많은 사람들을 만나는 것이다. 사람들이라 함은 새로운 거래처 사람들을 말한다. 여기선 생전 처음 만나는 사람이라도 자연스럽게 명함을 교환할 수 있다. 그러라고 만든 자리이기 때문에 여기서 멀뚱하니 있는 것은 장사할 생각이 없다는 소리나 다름없다.

전시회 당일. 다들 웃는 얼굴이지만 살벌한 경쟁을 하고 있다. 눈에 안 보이는 전쟁터를 찾는다면 멀리 갈 것 없이 산업 전시회에 가면 된다. 전시회 참가 전에 기존에 거래하던 곳과 잠재적인 바이어들에게 초대장을 보내는 것은 기본이다. 바이어들이 찾아오면 융숭한 대접과 함께 신제품을 소개하는 것이 전시회 기간 동안 하는 일이다. 참, 이 시점에서 바이어들이 당신의 부스에 제 발로 찾아오기만을 기다린다면 구석에서 머리라도 박고 반성해야 할 일이다! 부스가 10개, 20개도 아니고 1천 개가 넘는데 어떤 무쇠 팔, 무쇠 다리를 가진 바이어가 하나씩 다 돌겠는가. 물건을 팔고 싶다면 전시장 곳곳을 매의 눈으로 돌아다니

맨해튼 재빗센터 전시장에서 열린
뉴욕 코믹콘 개막 당일.

며 홍보자료를 뿌려야 한다. 전쟁터라고 하지 않았는가.

　이건 내 얘기만은 아니다. 뉴욕의 여성 기성복 전시회 중 하나인 코트리Coterie의 개막 전날 저녁에 삭스피프스애비뉴, 블루밍데일즈 백화점의 바이어, 소호에서 편집숍이나 쇼룸을 운영하고 있는 사람들을 초청하여 만찬 간담회를 가진 적이 있다. 거기서 중요한 말이 나왔다. 코트리 전시회는 참가자들이 워낙 많아 다 둘러보기 어렵다는 것이다. 그러니 가만히 부스에 앉아 있지 말고 적극적으로 나서야 한다고 강조했다.

　발품을 팔고 돌아다니는 것은 작게 보면 산업 전시회이다. 또한 크게 보면 아무런 연고도 없고, 그렇다고 브랜드가 알려지지도 않은 신생 기업이 시장을 개척하는 것에도 적용된다고 할 수 있다.

대형 유통업체는 약일까? 독일까?

　미국의 코스트코나 월마트처럼 대형 유통업체에 진출하려는 기업은 헤아릴 수 없이 많다. 우리 중소기업 제품이 코스트코에서 소위 말하는 대박을 친 적이 있다. 코스트코에 입점하는 것도 힘든 일이지만, 대박까지 쳤다니 축하할 일이다. 하지만 정말 축하만 할 일인지 속사정을 한번 알아보자.

월마트나 코스트코 같은 대형 유통업체는 구매조직이 따로 있고 품목별로 팀이 구성되어 있다. 물론 이들에게도 판매실적 목표가 있다. 자기가 구매한 품목의 판매가 잘돼야 한다는 것이다. 이 과정에서 바이어들은 벤더vendor의 도움을 받는다. 벤더란 제조업체와 유통업체 사이에서 중개자 같은 역할을 하는 사람들을 말한다. 쉽게 말해 복덕방과 유사한 기능을 한다고 보면 된다. 결국 우리 중소기업들이 제일 먼저 넘어야 할 산은 벤더이다. 그들의 시장성 평가를 통과해야 비로소 벤더, 제조업체, 바이어가 함께 만나 구매상담에 들어갈 수 있기 때문이다. 그런데 대부분은 1차, 2차 관문을 통과하지 못한다. 그러므로 우선은 벤더를 통과할 수 있는 아이템을 골라야 한다. 코스트코 매장에서 판매되기까지 100 대 1에 육박하는 경쟁률을 뚫어야 하기 때문이다.

1차 관문을 통과했다면 본격적인 일은 다음부터다. 한국 I사의 비데시트를 예로 들어보자. I사와의 상담에서 코스트코가 요구한 조건은 가격대를 200달러로 낮추고 DIY로 만들어달라는 것이었다. 당시에 모든 비데는 기술자가 설치해주는 방식으로 가격대는 500~1,000달러 이상이었다. I사는 코스트코의 요구조건에 맞추기 위해 2년 동안 상당한 자금을 투자하고 원가절감 및 기술개발 끝에 시제품을 완성했다. 엄청난 모험이 아닐 수 없다. 이러한 노력에도 시험에 통과하지 못하면 그동안에 썼던 돈과 시간은 모두 물거품이 되기 때문이다.

DIY 제품
Do-It-Yourself를 뜻하며, 소비자가 자신이 사용하고 싶은 물건을 스스로 제작하고 조립할 수 있게 만든 제품이다.

우여곡절 끝에 코스트코의 자체시험을 통과하고, 2011년 3월 199.99달러에 일부 매장에서 시험판매를 시작한 I사의 비데시트는 소위 '완판'되었고, 곧 미국의 전 매장으로 판매처가 확산되었다. 2012년 한 해에만 5만 개 이상이 팔리며 성공을 거두었다. 하지만 문제는 판매량이 감소하면서 시작되었다. 코스트코는 판매가 둔화되자 할인판매를 요청해왔다. 그게 싫으면 반품을 받으면 되지만 전국 매장에 깔려 있는 제품을 수거하는 일도 어렵고, 다른 곳에 되팔 수도 없다. I사는 할 수 없이 기간을 정해 가격을 145.99달러로 인하하여 판매할 수밖에 없었다. 이때 줄어든 이윤은 고스란히 I사의 책임이었다.

이 사례는 어쨌거나 일정한 성공을 거둔 사례라고 할 수 있다. 하지만 대형 유통업체와의 거래는 이익이 큰 만큼 위험부담도 클 수밖에 없다. 그래도 I사의 비데시트는 미국인의 비데 문화 확산에 큰 역할을 한 셈이 되었다.

외상으로 거래하는 방법과 거래대금 받는 법

D/A거래
신용에 의한 외상거래로, 이 방식으로 거래를 할 경우 수출을 하는 사람은 돈을 추후에 받기 때문에 거래자와의 신용이 중요하다.

한국에서도 대기업이나 대형 유통업체의 늑장 대금지불 관행이 종종 문제가 되지만 미국도 마찬가지이다. 미국의 상거래는 대부분 신용거래로 이루어지는데, 뉴욕도 예외는 아니다. 따라서 뉴욕의 판매자는 제품을 납품 받은 후 30~180일까지 외상을 요구한다. 그것도 대부분 무담

보이다. 이러한 거래 방식을 D/A라고 한다. 이때 판매대금을 회수하지 못할 경우를 대비해 개발된 것인 신용장 거래방식이지만, 까다롭고 불필요한 비용이 들어가기 때문에 거의 사용하지 않는다.

대기업과의 거래야 돈을 떼일 일이 거의 없는 관계로 구매계약서가 곧 신용장의 역할을 하고, 이 계약서를 담보로 자금을 빌릴 수도 있다. 하지만 중소기업과 거래할 경우에는 문제가 조금 달라진다.

예를 들어보자. 한국의 원단 수출업체가 미국의 원단 수입상에 수출할 경우, 유통경로는 '한국 수출업체 →미국 수입상/도매상→봉제 의류업체→백화점' 순이다. 먹이사슬의 가장 위에 있는 백화점은 판매가 다 될 때까지 봉제 의류업체에 주어야 할 대금지급을 미룬다. 대략 30~60일이지만 길게는 시즌이 끝난 다음, 즉

매출채권
기업이 상품을 판매하는 과정에서 발생한 채권으로 외상매출금과 받을 어음을 말한다. 이는 쉽게 말해 아직 받지 못한 돈이라고 생각하면 된다. 매출채권이 늘어난다는 것은 받아야 할 돈이 많다는 뜻이고 줄어든다는 것은 그만큼 돈이 들어온다는 뜻이다.

180일까지 가는 경우도 있다. 봉제 의류업체도 백화점에서 판매대금이 들어와야 원단 구입비용을 줄 수 있다. 때문에 역시 원단을 30~180일까지 외상으로 구입한다. 원단 수입상도 같은 이유로 외상거래를 요구한다. 우리 수출업체로서는 난감한 일이다. 외상을 주자니 떼일까 두렵고, 주지 않으려니 거래가 불가능한 구조이기 때문이다.

그래서 나온 제도가 팩토링factoring과 신용-보증보험credit insurance이다. 우선 팩토링부터 알아보자. 팩토링이란 기업의 매출채권 등을 담보로 하여 자금을 빌려주는 금융상품이다. 예를 들어보자. A사는 B사에게

원단을 공급하고 한 달 뒤에 B사로부터 원단대금인 1억 원을 받기로 약속했다. 그런데 A사는 당장 현금이 필요한 상황이었다. 그래서 A사는 B사로부터 받을 돈, 즉 외상매출금을 담보로 팩토링 회사에서 9천만 원의 대출을 받았다. 팩토링 금융은 어차피 들어올 돈을 담보로 하기 때문에 은행대출보다는 부담이 적다. 또한 A사, 즉 대출신청인의 신용점수가 낮아도 구매인인 B사의 신용을 감안해 대출을 해주기도 한다. 한 달이 지난 후 B사는 팩토링 회사에 외상매출금인 1억 원을 갚는다. 이 과정에서 외상매출금을 받아내는 일도 팩토링 회사에서 담당하고 있으니 A사는 이와 관련한 업무 부담이 적다. 또한 팩토링 회사는 A사에 9천만 원을 빌려주고, B사에서 1억 원을 받기 때문에 1천만 원의 수입을 올리게 된다.

신용보증보험은 대략 총 거래액의 1퍼센트를 보험료로 지불하며, 자동차보험과 같이 연간 공제액이 정해져 있다. 즉, 문제 발생 시 공제액이 넘는 금액에 대해 보험금을 지불한다. 물건을 구매자에게 정상적으로 납품했고 하자도 없는데, 구매자가 지급불능 상태가 되거나 지급을 회피할 경우 보험 혜택을 받을 수 있다. 주의할 점은 구매자가 대금지급을 못할 경우 즉시 추가 공급을 멈춰야 한다는 것이다. 그걸 알고도 계속 공급했을 경우 신용보증회사는 추가 공급분에 대한 보험금 지급을 거부할 수 있다.

그렇다면 팩토링과 신용보증보험 중 어느 것을 사용해야 할까? 보통 구매자의 신용평가가 좋으면 팩토링, 상대적으로 신용평가가 낮으면 신용보증보험을 선택한다.

우리 수출업체가 적용될 수 있는 것은 바로 수출보험제도이다. 이는 미국의 팩토링, 신용보증보험과 매우 유사하다. 한국의 수출업체가 미국에 있는 수입상에 외상으로 수출할 때 신용장, 구매계약서, D/A 등을 근거로 한국무역보험공사에 수출보험을 들면, 나중에 판매대금을 받지 못할 경우 부족한 금액만큼 수출보험에서 받을 수 있다. 따라서 미수금 사태를 미연에 방지하기 위해 가입하는 것이 좋다.

하지만 이미 돈을 떼였다면 어떨까? "소 잃고 외양간 고친다"라는 말이 있다. 외양간은 고칠 수라도 있지만, 미국에서 외상매출금을 떼이면 정말이지 외양간을 부수고 싶은 심정이 될지도 모른다. 미국에서 개인, 기업 간의 돈 거래는 모두 민사이다. 때문에 돈 받기가 어렵고, 소송으로 이어지게 되면 시간도 오래 걸리고 비용도 많이 든다.

미국의 법체계는 우리나와 달리 불문법이다. 즉 우리의 민법에는 계약위반에 대한 사항이 조목조목 나오지만, 미국의 법은 판례 위주이다. 그래서 변호사가 일일이 관련 판례를 찾아 증거로 제시해야 한다. 게다가 계약위반 건이라도 배심원제도에 의해 재판이 진행되기 때문에 결과를 확신하기 어렵다.

우리 기업이 뉴욕의 거래처에 물건을 공급했는데, 대금지급을 받지 못했을 경우 법정소송을 어떻게 해야 하는지 살펴보자. 개인은 변호사 선임 없이 소송을 할 수 있지만, 법인은 반드시 미국인 변호사를 고용해야 한다. 뉴욕의 경우 대다수가 시간당으로 비용을 청구하고 있다. 아무리 작은 법률 회사라도 시간당 300~600달러를 요구하고, 대형 법률 회사는 시간당 700~1,000달러를 달라고 한다. 그런데 시간계산이라는 것이 참 애매하다. 나도 소송해야 할 일이 있어 변호사에 3천 달러를 먼저 맡겼는데 얼마 지나지 않아 다 사용했다는 통보를 받은 적이 있다. 뭔가 의심스럽기는 하지만 그렇다고 하니 믿을 수밖에 없다. 어쨌거나 시간당 300달러의 변호사를 고용했다면, 고소장 작성에 5시간이 걸렸다고 주장할 경우 꼼짝없이 1,500달러를 줘야 한다.

사정이 이렇다 보니 소송이 끝날 무렵에는 변호사 비용만 몇만 달러가 나올 수 있다. 변호사 비용뿐만 아니라 추가 비용도 만만치 않다. 뉴욕에서는 소환장 등의 서류를 사람이 직접 전달해야 하는 경우가 있어서 송달료가 60~100달러 가까이 들고, 조정할 경우 조정권 비용, 증언 녹취 비용, 전문가 진술 시 전문가 출석 비용, 변호사 출장비 등을 별도로 부담해야 한다. 게다가 승소를 해도 법원에서 강제집행을 해주지 않기 때문에 변호사 비용만 날리고 미수금을 전혀 회수하지 못할 수도 있다. 소송과 관련된 것은 숨만 쉬어도 다 돈인 셈이다.

그런데 이러한 상황을 잘 모르는 우리 중소기업들이 물건을 주었다가 돈을 받지 못하는 경우가 종종 발생한다. 상대방에서 이를 악용할 경우, 사실상 당할 수밖에 없는 구조이기 때문이다. 때문에 예방이 가장 큰 해결책이다.

그래서 앞서 말했듯 수출보험에 드는 것이 가장 좋은 방법이다. 또한 거래 전에 바이어에 대한 평판을 알아보고 신용조사를 철저히 하는 수밖에 없다. 미국은 주마다 웹사이트를 운영하고 있어서 무료로 확인이 가능하다. 더불어 내용을 숙지하지 못한 계약서는 서명하는 것을 피해야 한다. 이 과정에서 변호사의 법률 자문은 거의 필수 절차이다. 만약 상대방이 이 계약서는 우리 측 변호사가 준비한 것이기 때문에 검토가 필요하지 않다고 한다면 더욱 주의해서 검토해야 한다. 그런 말이 무조건 거짓말이라는 건 아니지만, 두 번 세 번 검토해서 나쁠 건 없기 때문이다.

계약서 서명 이후에도 수많은 조건들이 구두로 결정될 수 있는데, 이 경우 항상 "언제(해당 날짜)의 전화통화 내용에 따라 다음과 같이 합의하였음을 통보합니다"라는 내용의 이메일을 반드시 보내야 한다. 또한 불리한 내용이 포함된 문서를 받았을 때는 서면으로 즉시 답변을 보내야 한다. 마지막으로 거래대금을 받기 위해 소송할 때는 소송이 아무것도 보장해주지 않는다는 점을 항상 명심해야 한다. 다시 한번 말하지만 외양간 부술 일이 생기지 않으려면 예방만이 대책이다.

돌다리도
두 번 세 번,
열 번이라도 두드려라!

✔ **비즈니스에서 가장 중요한 부분** 중 하나는 거래대금을 받는 일이다. 그런데 이게 또 만만치가 않다. 우선 미국의 상거래 관행에 익숙하지 않은 우리 기업, 특히 중소기업 입장에서 거래 상대방이 정확히 누구인지 파악하는 것도 쉽지 않다. 개인과 법인을 혼동하거나 거래 상대방에 대한 신용조사를 하지 않아서 종종 피해를 입곤 한다. 그렇다면 우리가 상대하는 미국 기업들은 도대체 어떤 기업들일까? 미국 기업이라고 해서 다 같은 기업일까?

우리 기업(판매자)이 가장 먼저 알아야 할 사항은 수입상(구매자)의 법적 지위이다. 그걸 알아야 누구를 상대하고 있는지, 가면 뒤의 진짜 모습은 어떠한지 알 수 있다. 가끔 사람을 보고 외상거래를 했는데, 알고 보니 빈껍데기 회사여서 돈을 받지 못하는 상황이 발생하기 때문이다. 실제로 이 때문에 피해를 본 한국 회사들이 있다.

2012년 8월 20일 한국의 제스솔라, 한국테크놀로지, 에어파크, 3사는 미국의 마티네에너지와 이 회사의 부회장 K씨, J 미국 변호사, 에이전트를 사기혐의로 애리조나 연방법원에 제소했다. 제스솔라 등은 2011년 3월에 1억 6천만 달러짜리 태양광 발전소 시공사로 선정되는 것을 조건으로 에이전트인 삼선LLC와 계약을 맺은 뒤 삼선LLC 등에 모두 166만 달러를 지급했다. 제스솔라는 계약 전 선수금 지불을 거절했으나 K씨가 자신의 자택으로 초청, 개인보증을 하겠다고 하여 선수금을 지불했다. 특히 2012년 10월 28일 애리조나주 벤슨에서 개최된 태양광 발전소 착공식에 코트라의 인베스트 코리아 단장이었던 J 변호사가 마티네의 아시아 지역 에이전트 자격으로 참석, 마티네를 믿지 않을 수 없었다고 주장했다. 결국 이날의 착

I ♥ NY
BUSINESS
INSIGHT

공식은 모두 사기로 드러났다. 착공식을 했던 땅은 마티네사 소유가 아니었고, 공사허가도 나지 않았으며, 당연히 공사는 전혀 진행되지 않았다. 2016년 2월 애리조나 연방법원은 사기를 인정, 원고에게 310만 달러를 배상하라고 판결했다.

마티네 에너지는 제스솔라를 접촉하기 1년 전인 2011년에도 태양광 발전소 공사를 명목으로 현대중공업과 LG전자 등 국내 대기업에 손을 뻗쳤다. 그때 한국 언론에 마티네에너지와의 10억 달러 규모 MOU(양해각서) 체결건이 크게 보도되기도 했다. 그러나 우리 대기업들이 실사과정에서 마티네에너지의 실체를 의심하고 본 계약을 진행하지 않아 피해를 면할 수 있었다.

앞의 사례처럼 종종 무역사기를 당했다는 보도가 나온다. 물론 사기를 치는 쪽이 나쁘지만 당한 업체도 확인 과정을 소홀히 했다는 점을 부인할 수 없다. 외국과의 거래에서는 반드시 법률전문가의 조언을 받아야만 한다. 그리고 비즈니스를 하는 과정에서 대박 조짐이 보이는 건이 손쉽게 들어왔다면 반드시 의심해야 한다. 나만 아는 비밀은 절대 없다. 누가 봐도 좋은 조건은 반드시 의심하고 주변에 확인해야 실패할 확률이 적다.

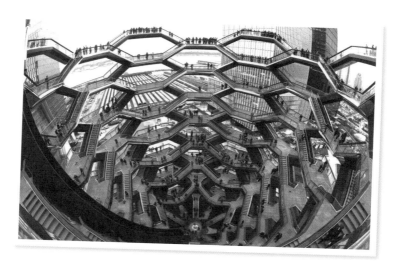